Wilfried Scharnagl

AM ABGRUND

Streitschrift
für einen anderen Umgang
mit Russland

Originalausgabe
1. Auflage Mai 2015
Copyright © Keyser Verlag
Keysersche Verlagsbuchhandlung GmbH
München – Berlin
Alle Rechte vorbehalten

Gestaltung: Kern.Design, Berlin
Umschlagfotos: © mozZz / fotolia.com
Satz: PrinzMedien Manuel Schwartz, Berlin
Gesetz aus der Sabon von Jan Tschichold
Papier: VNS Munken Print Cream 18, 90g/qm
säurefrei, FSC-zertifiziert
Druck: Delphin-Druck, Berlin
Printed in Germany
ISBN 978-3-86886-029-0

www.keyser-verlag.com

Inhalt

Vorwort
von Michail Gorbatschow

Das Buch von Wilfried Scharnagl „Am Abgrund" hat den Untertitel „Streitschrift für einen anderen Umgang mit Russland". Nachdem ich Auszüge aus dem Buch und die Einführung gelesen habe, wusste ich, dass der Text wirklich streitbar ist. Ich vermute, das Buch wird in Deutschland für Debatten sorgen. Der Autor berührt aktuelle, kontrovers diskutierte und schmerzhafte Fragen.

Aber in meinem kurzen Vorwort möchte ich mich auf ein Thema konzentrieren, das sehr klar in dem Buch formuliert ist. Das ist die Wichtigkeit der deutsch-russischen Beziehungen. Der Autor ruft dazu auf, „die russische Seite zu begreifen", bevor man ein endgültiges Urteil über seine Politik fällt. Aber das ist ja das Problem, dass viele Medien die Aussage, jemand „möchte Russland verstehen" für eindeutig negativ halten. Dies sind die Folgen dessen, was der ehemalige Minister Hans-Dietrich Genscher als „verbalen Krieg" bezeichnete. Ein Etikett zu verpassen, ohne zu versuchen zu verstehen, ist das verbreitetste Paradox unserer Tage.

Ich möchte mich nicht in den innerdeutschen Diskurs einmischen. Aber ich habe das Bedürfnis, einige Gedanken und Erinnerungen zu teilen.

Die deutsch-russische Geschichte zählt nicht Jahrzehnte, sondern Jahrhunderte. Meistens war es eine friedliche Koexistenz. Da sind nicht nur die engen Beziehungen zwischen Eliten – erinnern wir uns nur an die verwandtschaftlichen Verflechtungen der royalen Familien –, sondern auch die Beziehungen zwischen einfachen Menschen. Alleine der Begriff Russlanddeutsche spricht Bände.

Es gab in unserer Geschichte auch Konflikt- und Kriegsperioden. Es gab auch die tragischste Seite – den durch das Hitler-Regime entfesselten Zweiten Weltkrieg. Für unser Land war dies der Vaterländische Krieg, in dem wir zwar gesiegt haben, aber große, nie dagewesene Verluste erlitten. Teile unserer Städte wurden in Schutt und Asche gelegt.

In diesem Krieg sind auch Millionen von Deutschen gefallen, ihre Häuser wurden zu Ruinen. Das Land wurde in zwei Teile gespalten. „Der geteilte Himmel", schrieb Christa Wolf. Damals schien es, die Beziehungen zwischen Deutschland und Russland würden nie wieder normal. Aber das Erlittene hat die beiden Völker dazu gebracht, große Weisheit zu zeigen und tiefe Lehren aus dieser Tragödie zu ziehen.

Langsam das Feindschaftsgefühl überwindend fingen Deutsche und Russen an, geschäftliche, kulturelle, politische und später rein menschliche Beziehungen zu knüpfen. Die ersten Schritte wurden aus verständlichen Gründen zwischen der Sowjetunion und der DDR getan. Und danach, trotz der Schwierigkeiten des Kalten Krieges, entwickelten sich die Beziehungen mit der BRD.

Als wir Mitte der 80er Jahre in der UdSSR die Perestroika- und Glasnost-Politik angestoßen haben, wurde klar, dass es im Interesse der beiden Völker liegt, dem Kalten Krieg ein Ende zu setzen. Im Zuge dieses Prozesses kam die Möglichkeit der deutschen Wiedervereinigung auf. Den Willen zur Wiedervereinigung zeigten Deutsche in beiden Teilen des Landes.

Jetzt feiern wir am 3. Oktober 2015 das 25-jährige Jubiläum der deutschen Einheit. Es ist ein Feiertag für Deutsche, für Europa und für die ganze Welt. Aber auch an einem Feiertag darf man nicht vergessen, dass der Weg zur deutschen Einheit nicht glatt und einfach war. Noch ein Jahr vor der Wiedervereinigung war Berlin durch eine hohe Betonmauer geteilt. Und die noch höheren Mauern des Kalten Krieges trennten symbolisch Deutschland, Europa und die ganze Welt. Westen und Osten beobachteten sich gegenseitig durch das Visierkreuz einer Rakete. Die Möglichkeit des Einsatzes von Nuklearwaffen galt als reale Bedrohung. Wir standen am tiefen Abgrund.

Wie haben wir alle es geschafft, einen Schritt vom Abgrund zurückzutreten? Wie konnte man den Kalten Krieg beenden und sich über die deutsche Einheit einig werden?

Ich denke, hier haben zwei Faktoren eine Rolle gespielt: der menschliche Wunsch, in Frieden zu leben, und die Bereitschaft der damaligen politischen Führer, diesem Wunsch entgegenzukommen.

Unsere Politik in der deutschen Frage war damals ein Vorbild für nicht-traditionelle Methoden in einer nicht-traditionellen veränderten Umgebung. Damals handelten wir und unsere westlichen Partner gemäß der sich schnell verändernden Situation. Ich denke, die Geschichte gab uns Recht.

Wenn wir gemäß damaliger Tradition scharf auf jegliche Schwierigkeiten oder Hindernisse reagiert hätten – und davon gab es genug –, dann, kann ich Ihnen versichern, wäre es nie zu einer Wiedervereinigung gekommen. Einen Vorwand zu finden, um die Wiedervereinigung zu torpedieren, wäre nicht schwierig gewesen. Man hätte etwa darauf beharren können, dass sich zwei der Großmächte am Anfang gegen ein wiedervereinigtes Deutschland ausgesprochen haben. Aber letztendlich haben deren Oberhäupter sich als weise erwiesen und den stark ausgeprägten Wunsch der Deutschen unterstützt.

Viele damalige Führer handelten nicht standardgemäß. Einer der bekanntesten deutschen Politiker, der bayerische Ministerpräsident Franz Josef Strauß, kam im Dezember 1987 nach Moskau, um mich zu treffen. Unsere Beziehungen zur Bundesregierung waren damals gelinde gesagt nicht die besten, und diese Geste von Strauß schien ganz ungewöhnlich. Noch ungewöhnlicher war aber etwas anderes. Unsere Propaganda stellte Strauß immer als fanatischen Militaristen und Revanchisten, als Gegner Russlands dar. Und obwohl auch politisch rechts stehend demonstrierte er in Moskau eine pragmatische Herangehensweise an die Politik, ein Verständnis für russische Begebenheiten, eine Bereitschaft zur gleichberechtigten Zusammenarbeit. Er warnte deutsche, amerikanische und europäische Politiker davor, die Geschehnisse in der Sowjetunion nach westlichen Standards zu messen. Dazu schreibt Wilfried Scharnagl, der Strauß 1987 nach Moskau begleitete: „Diese Mahnung hat in ihrem Kern bis heute, mehr als ein Vierteljahrhundert später, nichts von ihrer Gültigkeit verloren. Den letzten Maßstab westlichen Politik- und Demokratieverständnisses an Moskau anlegen zu wollen, würde angesichts der Gebirge an Problemen, vor denen die russische Politik in der Nach-Sowjetunion-Zeit steht, zu falschen Schlussfolgerungen, zu falschen Forderungen und zu falschem Handeln führen."

Vor 70 Jahren ist der Zweite Weltkrieg in Europa zu Ende gegangen. Diese ganzen Jahre waren nicht ruhig. Die Ukrainekrise wie auch andere Krisensituationen in der ganzen Welt führen dazu, dass Menschen sterben. Das Wort Russlands sowie das Wort Deutschlands, das eine bedeutende Rolle in der EU spielt, wiegen viel. Sie könnten dazu beitragen, die Krise zu schlichten.

Die Erinnerung an den brutalen Krieg, an die großen Opfer verpflichtet uns, den Tod der Menschen heute zu verhindern. Man sollte nach untraditionellen Wegen zum Frieden und zur Zusammenarbeit suchen und diese finden. Vor 25 Jahren ist es schon einmal gelungen. Das ist unser gemeinsames Erbe. Es muss bewahrt werden.

Moskau, im Mai 2015

Michail Gorbatschow

Worum es in diesem Buch geht

„Deutschland, wir reichen dir die Hand ...
... wir bleiben Freunde allezeit."

(Lied der russischen Soldaten
beim Abschied aus Deutschland)

Schwarz-Weiß-Maler haben selten recht. Im privaten, im wirtschaftlichen und im politischen Leben sind Grautöne die Regel, auch wenn hier ein helleres, dort ein dunkleres Grau dominieren mag.

Auch bei der Krise um die Ukraine gilt diese Erfahrung. Die Einseitigkeit im Urteil der westlichen Welt, der europäischen und der amerikanischen, ist weniger als die halbe Wahrheit. Russland und seinem Präsidenten Wladimir Putin die Alleinschuld an einer Entwicklung zu geben, welche die Erinnerung an den Kalten Krieg wieder aufleben und darüber hinaus – jenseits des bereits stattgefundenen ukrainischen Bürgerkriegs – von einem gefährlichen heißen Krieg reden lässt, ist bequem und schließt die Reihen. Mit der politischen Wirklichkeit hat diese Sicht der Dinge wenig zu tun.

Es geht mir in diesem Buch nicht darum, der Anti-Putin-Einseitigkeit eine Pro-Putin-Einseitigkeit entgegenzustellen. Damit würde ein entscheidender Fehler nur mit umgekehrten Vorzeichen wiederholt. Der russische Staatspräsident ist weit davon entfernt, der „lupenreine Demokrat" zu sein, als den ihn seine Freunde im Westen und auch in Deutschland sehen. Putin, wiewohl in Wahlen mit übergroßer Mehrheit demokratisch in sein Amt gekommen und darin bestätigt, ist ein Autokrat. Das politische und wirtschaftliche Erbe, das er in einer krisenhaften Erschütterung nach dem Zusammenbruch der Sowjetunion von seinen Vorgängern übernommen hat, braucht eine zupackende politische Hand, die zwangsläufig nicht den demokratischen Idealvorstellungen der westlichen Welt entsprechen kann.

Das politische und militärische Geschehen um die Ukraine kann nur verstanden und in seiner Gefährlichkeit überwunden werden, wenn sich der Westen bemüht, auch die andere, die russische Seite zu begreifen. Der Urfehler, der von Europa und Amerika begangen wurde, war verhängnisvoll. Das sowjetische Imperium brach zusammen, als es zur historischen Wende in Europa kam. Deutschlands Weg zur Wiedervereinigung wurde geöffnet. Der Warschauer Pakt, das Militärbündnis des ehemaligen Ostblocks, löste sich auf. Der Westen sah sich als Sieger und geriet auf einen fatalen Irrweg. Was im Westen nicht erkannt wurde, war die historische Gelegenheit, eine neue und große Partnerschaft zwischen West und Ost, aufzubauen – in Gleichrangigkeit und auf Augenhöhe. Vor allem die USA, die sich als der endgültige Sieger im jahrzehntelangen Wettstreit mit dem kommunistischen Imperium und damit als auf Dauer unangreifbar wähnten, ließen es an jedem Gespür für Lage und Befindlichkeit der anderen Seite fehlen. Wir haben gesiegt und wir allein entscheiden, wie es in Zukunft zwischen West und Ost weitergehen soll – so wurde gedacht. Und so wurde gehandelt.

Gegen den Geist und den Inhalt der Gespräche, die in der Zeit der Wende mit Michail Gorbatschow geführt wurden, auch von Bundeskanzler Helmut Kohl, wurde die Chance zum Bau einer neuen Welt weder gesehen noch ergriffen. Unter amerikanischer Dominanz wurde weitergemacht wie bisher. Während Russland davon ausgehen konnte, dass das Zeitalter eines neuen Miteinanders gekommen sei, setzte sich die westliche Politik in altem Denken und auf eingefahrenen Gleisen fort. Moskau war aufgrund vieler Gespräche der sicheren Überzeugung, dass es in einer neuen Periode west-östlicher Politik keine Ausdehnung der NATO geben werde. Im Gegensatz zu dieser Erwartung dachten die USA, und von ihnen gedrängt in ihrem Gefolge Europa, überhaupt nicht daran, von dieser militärischen Expansion, die vertraglich nicht ausgeschlossen worden war, Abstand zu nehmen.

Da in der Politik wie in der Wirtschaft die Psychologie eine wichtige Rolle spielt, hätte der Westen Verständnis dafür aufbringen müssen, dass diese NATO-Ausweitung von Russland zwangsläufig als gefährliche Einkreisung gewertet werden musste. Und das ist nicht nur ein Thema für Putin. Gorbatschow, dessen mutiger Entscheidung Europa und Deutschland die Überwindung einer jahrzehntelangen Spaltung gebracht hatte, ist nicht weniger enttäuscht und kommt sich betrogen vor. Er, dem die Deutschen die Einheit ihres Vaterlands zu verdanken haben, spricht von einem „Zusammenbruch des Vertrauens". Der Westen habe seine Versprechen nicht eingehalten und sich stattdessen zum „Sieger des Kalten Krieges" erklärt. Den westlichen Politikern seien Euphorie und Triumphalismus zu Kopfe gestiegen.

Dabei nahm es Moskau über Jahre geduldig hin, dass Staaten des mittlerweile längst aufgelösten Warschauer Pakts – auch solche, wie im Baltikum, mit großen russischen Minderheiten – in die NATO wechselten. Zuviel wurde es Moskau, und zuviel musste es ihm werden, als sich auch die große Ukraine zum Marsch in die Atlantische Allianz aufmachte. Kiew wollte in die NATO und wurde in dieser Absicht von westlicher Seite mit vielfältigen Lockungen und Versprechungen bestärkt. Auch noch die Ukraine in einem Militärbündnis zu haben, das einst zu Kampf und Abwehr gegen Moskau gegründet worden war – diese Einkreisung, wie man sie in Moskau sieht, wäre nicht nur ein Schritt, sondern ein Sprung nach vorn gewesen. Wenn es in Washington und in Europa an Verständnis für die daraus erwachsende russische Sorge fehlt, dann ist ein deutliches Defizit an einer realistischen politischen Gesamtschau festzustellen. Um sich das Moskauer Bild einer NATO-Mitgliedschaft der Ukraine in seinem ganzen Ausmaß vor Augen zu führen: Auf der Krim, durch seine Geschichte und als Haupthafen der russischen Schwarzmeerflotte für Russland unaufgebbar, führt ein amerikanischer NATO-Admiral, zudem noch in Sewastopol, das Oberkommando? Wer im Westen nicht sehen und begreifen will, dass eine solche Perspektive für Moskau nicht hinnehmbar sein kann, ist mit Blindheit geschlagen.

Als am 31. August 1994 die letzten russischen Truppen Deutschland verließen und Tausende Soldaten zu einer Abschiedsparade im Treptower Park in Berlin angetreten waren, sangen sie ein Lied, das ein russischer Oberst eigens zu diesem Anlass getextet und komponiert hatte. „Deutschland, wir reichen dir die Hand" hieß es darin und „wir bleiben Freunde allezeit". Der neue Horizont, der sich damals für die Beziehungen zwischen Deutschland und Russland, zwischen Europa und Russland und auch zwischen den USA und Russland greifbar und glaubhaft auftat, ist zwanzig Jahre später in gefährliches Dunkel gehüllt. Zur notwendigen Aufhellung und zur Sicherung des gefährdeten Friedens bedarf es auch im Westen einer Änderung der Politik im Ukraine-Konflikt: Weg von der antirussischen Einseitigkeit, zurück zu den Chancen und Möglichkeiten, die es in der Zeit der Wende Anfang der neunziger Jahre des vorigen Jahrhunderts gab.

Weil Deutschland von dieser Wende mit am meisten profitiert hat, hat es heute eine besonders große Verpflichtung, aktiv zu einer Lösung des Ukraine-Konflikts mit Russland beizutragen. Gegen Russland ist eine solche Lösung sowieso nicht möglich.

Für eine solche Politik will dieses Buch werben.

Allershausen, im April 2015

Wilfried Scharnagl

Wenn Deutschland und Russland in Frieden leben: Erinnerung an die historische Begegnung Strauß-Gorbatschow

Der Anruf kam zwei Tage vor Heiligabend des Jahres 1987. Am Telefon Franz Josef Strauß, CSU-Vorsitzender und Bayerischer Ministerpräsident. Seine mehr als überraschende Frage: „Willst Du mit nach Moskau fliegen?" Nun, in langen gemeinsamen Jahren war ich oft mit Strauß unterwegs, zu politischen Zielen rund um den Globus. Aber Moskau – hörte ich richtig? In das Herz des roten Imperiums, dessen Propaganda den Staatsmann aus Bayern jahrzehntelang als wichtigstes Zielobjekt ihrer Agitation gesehen und entsprechend behandelt hatte? Michail Gorbatschow, seit März 1985 Generalsekretär der Kommunistischen Partei der Sowjetunion (KPdSU) und Vorsitzender des Verteidigungsrats der Union der Sozialistischen Sowjetrepubliken (UdSSR), Ämter, die ihn zum wichtigsten und stärksten Mann der Sowjetunion machten, habe ihn, so Strauß, eingeladen. Er habe die Einladung, weil „alle angemessenen protokollarischen Bedingungen" gewährleistet seien, angenommen. Ich fragte: „Wann soll es losgehen?" Strauß antwortete: „Am 27. Dezember um 11.30 Uhr, Flughafen München-Riem."

Es gehörte zur Person und zum Leben von Franz Josef Strauß, stets das Besondere zu wollen und zu tun. Das Aufsehen, das diese Reise wegen des Ziels und des überraschenden Moskauer Gesprächspartners Gorbatschow erregte, erfuhr eine zusätzliche Dimension dadurch, dass Strauß, begleitet von dem erfahrenen Flieger Heinrich Then, selbst am Steuer der neunsitzigen Cessna Citation II saß. Auf den für einen solchen Privatflug sonst üblichen sowjetischen Navigator an Bord hatten die Behörden in Moskau verzichtet. Der Delegation aus Bayern gehörten neben Strauß selbst Theo Waigel, Edmund Stoiber, Gerold

Tandler, Strauß-Sohn Franz Georg, der Leitende Ministerialrat Gerd Amtstätter aus der Staatskanzlei und ich an.

Dieser Flug, der über Prag und Warschau in die sowjetische Hauptstadt führte, gewann in den Medien seinen mythischen und legendenhaften Ruf durch die Umstände der Landung in Moskau. Im Luftraum zwischen Minsk und Moskau konnten die Passagiere aus dem Cockpit hören, dass wegen schlechter Wetterbedingungen – Schnee und Sturm und Eis – der Moskauer Flughafen Scheremetjewo geschlossen und nicht anzufliegen sei. Das war das eine. Das andere: Um nach Minsk umzukehren, so war von den Piloten zu vernehmen, reiche der Treibstoff nicht. Die Konsequenz: Scheremetjewo wurde angesteuert, dort wurde auf schwieriger Bahn, vereist und voller Schnee, problemlos gelandet. Das hochrangige russische Empfangskomitee, das in der Gewissheit, wegen der Witterungsverhältnisse werde die Delegation aus München nicht mehr landen, auf dem Rückweg in die Stadt war, machte flugs kehrt und war rechtzeitig zu freundlichem Willkommen am Flughafen zur Stelle.

Im Zentrum zahlreicher Termine – ob eine dreieinhalbstündige Unterredung mit Außenminister Eduard Schewardnadse unmittelbar nach der Landung, Begegnungen mit Zentralkomitee-Sekretär Anatoli Dobrynin, mit dem stellvertretenden Ministerpräsidenten und Vorsitzenden des Staatskomitees für Wissenschaft und Technik, Boris Tolstych, oder mit Wladimir Kamenzew, dem Vorsitzenden der Staatskommission für Außenwirtschaftsfragen – steht ein zweieinhalbstündiges Gespräch mit Gorbatschow. Es wird nicht bei diesem einen Zusammentreffen bleiben. Strauß sah in Gorbatschow, der mit Glasnost und Perestrojka gerade begonnen hatte, eine Revolution im kommunistischen Machtbereich in Gang zu setzen, einen Sowjetführer völlig neuen Typs. Hatte der Bayerische Ministerpräsident bei einer Begegnung mit Leonid Breschnew in Bonn das alte und verengte politische Weltbild Moskaus, ideologische Verkrustung und erstarrtes Denken festgestellt, so traf er in Gorbatschow auf einen pragmatischen und aufgeschlossenen, zupackenden und auch humorvollen Politiker,

14

der selbstverständlich auch bereit und fähig war, seinen Standpunkt entschlossen und kraftvoll zu vertreten. Schon unmittelbar nach seiner Moskau-Reise hatte Strauß die deutsche, die europäische und die amerikanische Politik davor gewarnt, die Entwicklungen in der Sowjetunion mit westlichen Maßstäben und Zielen zu vergleichen. Diese Mahnung hat in ihrem Kern bis heute, mehr als ein Vierteljahrhundert später, nichts von ihrer Gültigkeit verloren. Den letzten Maßstab westlichen Politik- und Demokratieverständnisses an Moskau anlegen zu wollen, würde angesichts der Gebirge an Problemen, vor denen die russische Politik in der Nach-Sowjetunion-Zeit steht, zu falschen Schlussfolgerungen, zu falschen Forderungen und zu falschem Handeln führen.

Über viele Jahre hinweg galt Strauß im altkommunistischen Weltbild als Revanchist, Militarist oder kalter Krieger. Obwohl dieses Propagandakonstrukt schon seit Jahren bröckelte, zog die Begegnung mit Gorbatschow den endgültigen Schlussstrich unter derlei Fehleinschätzungen. Strauß nahm das Vorher und das Nachher mit einiger Gelassenheit auf: „In der Vergangenheit habe ich in der Sowjetunion die gleiche Erfahrung gemacht wie gelegentlich auch in der Bundesrepublik – das von Strauß gezeichnete Zerrbild hatte mit der Wirklichkeit des Menschen und des Politikers Strauß oft keinerlei Zusammenhang mehr. Diese Zeiten scheinen jetzt endgültig überwunden, auch in der Beurteilung, die ich in Moskau erfahre. Ich bin während meiner Gespräche nicht ideologischer Blindheit, sondern nüchternem Realismus und der Bereitschaft begegnet, die Welt und ihre Probleme zu sehen, wie sie sind, und Antworten auf die weltweiten Herausforderungen unserer Zeit zu geben."

Strauß ist bei dieser historischen Reise, trotz aller Freundlichkeit und aller wechselseitigen Sympathie, nicht der Versuchung erlegen, Standpunkte zu verwischen. Es gebe gravierende Unterschiede der Systeme, der Weltanschauungen, des Menschenbilds. Die Zweiteilung Deutschlands war und musste im Dialog zwischen Strauß und Gorbatschow ein Thema sein. Die Darstellung der russischen Seite, dabei handle es sich eben um ein Ergebnis des Krieges, wies Strauß zurück. Der Tatbestand der deutschen Teilung sei eine Entscheidung der Sieger, nur diese, also auch die Sowjetunion, können ihn ändern. Strauß fand hier die Formel von der anhaltenden „Einheit der deutschen Nation in zwei Staaten". Strauß wäre nicht Strauß gewesen, wenn ihm nicht aus diesem Begriff in der Heimat hätte ein Strick gedreht werden sollen, und dies, auch nicht völlig überraschend, von einem Politiker der Schwesterpartei CDU. So verstieg sich der schleswig-holsteinische CDU-Landtagsabgeordnete Martin Schwarz zu dem absurden Vorwurf, Strauß habe mit diesen Äußerungen in Moskau das deutsche Volk darauf vorbereiten wollen, das Streben nach Wiedervereinigung aufzugeben. Der CSU-Vorsitzende wies diese Unterstellung mit aller Schärfe zurück: „In der Deutschland- wie in der Ostpolitik hat für mich pragmatisches Handeln nie das Geringste mit dem Verzicht auf grundsätzliche Rechtspositionen zu tun gehabt. Eine solche Preisgabe kann und wird es für mich, für die Bayerische Staatsregierung und die CSU schon deshalb nicht geben, weil ich es war, der 1973 die Anrufung des Bundesverfassungsgerichts zum Grundlagenvertrag durch Bayern bewirkt hat, damit das gefährliche Ausufern der liberalsozialistischen Vertragspolitik beendet und für jede Bundesregierung unverrückbare Pflöcke eingeschlagen hat." Strauß hielt sich an dieser Stelle nobel zurück, sonst hätte er den Beschwerdeführer aus dem Norden durchaus daran erinnern können, dass bei diesem historischen Gang nach Karlsruhe Bayern ganz allein war, kein einziges CDU-geführtes Bundesland und auch nicht die Unionsfraktion im Bundestag bereit war, in einer nationalen Schicksalsfrage die CSU zu unterstützen! Strauß damals weiter in seiner Belehrung des CDU-Landtagsabgeordneten: „Meine Formel von der ‚Einheit der deutschen Nation in zwei Staaten' berücksichtigt die leider nicht zu leugnende Tatsache, dass derzeit auf deutschem Boden zwei Staaten bestehen, und weist zugleich darauf hin, dass die Einheit der deutschen Nation dennoch erhalten werden muss und dass alle Möglichkeiten, auch die Wiederherstellung der staatlichen Einheit zu erreichen, offen gehalten werden müssen." In der Tat, es war ein bedeutender Erfolg für Strauß, dass sein Festhalten an der Einheit der deutschen Nation bei seinen Gesprächen mit Gorbatschow und anderen wichtigen Mitgliedern der sowjetischen Führungsspitze widerspruchslos zur Kenntnis genommen wurde. Das früher übliche kommunistische Gerede von zwei deutschen Nationen, einer „kapitalistischen" und einer „sozialistischen", war nicht mehr zu hören.

Gorbatschow verwies hier auf in der Zukunft mögliche geschichtliche Entwicklungen, die nicht einzuschätzen seien. Dass er selbst es sein werde, der kaum zwei Jahre später mit seiner Politik, für ihn persönlich mit höchstem Risiko beladen, den Weg zur deutschen Einheit freimachen würde, war zu diesem Zeitpunkt völlig unabsehbar. Und dass Strauß, der wie kaum ein anderer deutscher Politiker an der Einheit des Vaterlandes festgehalten hatte, die Überwindung der Spaltung nicht mehr erlebte, erinnert zwangsläufig an den Moses der Bibel, der das gelobte Land zwar noch gesehen, aber nicht mehr erreicht hatte. Andererseits: Es ist ein Geschick der Geschichte, dass der Todestag von Strauß, der 3. Oktober, zum Tag der Deutschen Einheit werden sollte.

Das denkwürdige Gespräch hatte Gorbatschow, damit auf die gesellschaftliche und politische Bewegung anspielend, zu der es durch ihn in der Sowjetunion gekommen sei, mit einem Hinweis auf ein Wort des griechischen Philosophen Heraklit begonnen: „Panta rhei", alles fließt. Beim Latein- und Griechischkönner Strauß traf er dabei auf ein besonders offenes Ohr; von Heraklit stamme auch, so dessen Antwort, das Wort „polemos pater panton", der Krieg ist der Vater aller Dinge. Allerdings, so Strauß, stimme dieser Satz ganz und gar nicht mehr: „Im Gegenteil, der Krieg ist das Ende aller Dinge." Der CSU-Vorsitzende, der Zeit seines politischen Lebens seine unerschütterlich auf Frieden gerichtete Grundhaltung mit dem Satz „ich kenne den Krieg, deshalb kämpfe ich für den Frieden" auf einen einprägsamen Nenner zu bringen pflegte, beschwor auch gegenüber seinem sowjetischen Gesprächspartner diese

Position: „Politische Fragen zwischen uns werden nie mehr mit Gewalt entschieden werden. Es wird nie mehr eine politische Führung in Deutschland geben, die der Meinung ist, dass durch Krieg Probleme zwischen uns gelöst werden können." Strauß, von 1956 bis 1962 Bundesverteidigungsminister, fuhr fort: „Ich sagte im Laufe der letzten Jahre zu Hunderttausenden von deutschen Soldaten: Eure Aufgabe ist es nicht, deutscher Politik zum Sieg zu verhelfen, eure Aufgabe ist nur die Verteidigung. Keine Gewalt darf gegen uns angewandt werden. Euer Beruf ist ein Widerspruch in sich selbst. Man lernt an sich einen Beruf, um ihn anzuwenden. Wenn ihr das tut, dann hat die Politik versagt."

Zur übereinstimmenden Absage an jede kriegerische Gewalt stellte Gorbatschow mit besonderem Nachdruck fest, dass sich kein Nachbar der Sowjetunion bedroht fühlen müsse. Straußens Einwurf an dieser Stelle: „Wenn das Gefühl der Bedrohung schwindet, beginnt ein neues Zeitalter."

Gorbatschow warb um Verständnis dafür, dass sich der Reformprozess, den er angestoßen habe, nicht so schnell werde vollziehen können, wie dies im Westen vielfach erwartet werde. Man wisse, dass im alten Geist verharrende Kräfte und eingefahrene Kommandostrukturen große Schwierigkeiten hätten, das von ihm eingeschlagene Reformtempo mitzugehen. Deshalb: „Wir dürfen nicht zu schnell voranschreiten, denn das ganze Land kann explodieren." Jedenfalls werde man nie eine „Kulturrevolution" zulassen und auch jedes „Abenteurertum" in der Politik zu verhindern wissen. Empfindlich reagierte Gorbatschow auf westliche Einmischung und überbordende Ratschläge, was denn Moskau nun zu tun habe, um möglichst schnell und auf allen Feldern westliche Standards zu erreichen. Offenbar noch unter dem Eindruck einer Reise nach Washington stehend, berichtete er, dass er dem amerikanischen Präsidenten Ronald Reagan auf eine diesbezügliche Belehrungsflut entgegengehalten habe: „Sie sind kein Staatsanwalt, es gibt keine Beschuldigungsliste." Strauß bezog hierzu Position in einer Weise, wie ich dies von ihm bei vielen Begegnungen mit

Gesprächspartnern in aller Welt, selbstverständlich auch in den USA, gehört hatte: Er teile nicht die Auffassung der USA, die gerne allen Völkern und Gesellschaften die mehr oder weniger dringende Empfehlung gäben, sich nach dem amerikanischen Beispiel zu organisieren. Gorbatschow erwiderte, dass Amerika nicht „die leuchtende Stadt auf dem Hügel" sei, von der alles Heil ausginge und vor der alle knien müssten. Jedes Volk habe seine eigene Geschichte und suche seinen eigenen Weg. Deshalb sollten die USA aufhören, die Missionarsrolle zu spielen.

Bedenkt man, in wie viele schwere Krisen und furchtbare Kriege die USA im letzten Vierteljahrhundert geraten sind, so hat dies irgendwie auch immer damit zu tun, dass nach amerikanischer Vorstellung die demokratischen Segnungen der amerikanischen Politik und des amerikanischen Way of Life ein Exportartikel seien, der weltweit verbreitet werden müsste. Bei der Ursachenforschung nach Krise und Krieg in der und um die Ukraine misst die vorherrschende und verbreitete öffentliche, besser vielleicht veröffentlichte, Meinung Russland und seinem Präsidenten in der Regel die Alleinschuld zu. Aber was im allgemeinen Leben gilt, gilt auch in der Politik: Die Dinge sind zu kompliziert, um nach einem einfachen Schwarz-Weiß-Muster sortiert und bewertet zu werden. Putin freizusprechen wäre verfehlt. Aber: In der dramatischen politischen Lage zu Beginn des 21. Jahrhunderts, in dem von dem seit 1945 in Europa Undenkbaren wieder die Rede ist, von Kriegsgefahr und Krieg, deutet vielerlei darauf hin, dass Washington wieder strikt auf seine missionarische und weltpolizeihafte Linie zurückzufallen droht. Bittere Erfahrungen in der Vergangenheit, die immer auch zu großen Teilen zu Lasten der USA selbst gingen, scheinen verdrängt zu werden. Die Art und Weise, wie amerikanische Politik mit europäischen Regierungen im Allgemeinen und der deutschen Bundeskanzlerin im Besonderen umgeht, hat längst die Grenzen des unter Partnern und Verbündeten auf Augenhöhe und in Verantwortungsgleichheit Möglichen und Erlaubten überschritten. Europa mit Macht zu Waffenlieferungen in die Ukraine zu drängen, das bedeutet, die Tür zu einem in seinen Folgen und in seinem Ausmaß unübersehbaren Krieg aufzustoßen.

Noch einmal zurück zum Ende des Jahres 1987 und zu der großen Begegnung von Franz Josef Strauß mit Michail Gorbatschow. Nimmt man die Stimmungslage, die damals zwischen der Sowjetunion und Deutschland, ja ganz Westeuropa herrschte, kann man nur tief besorgt sein über das politische Klima der Gegenwart. Waffenstillstandsvereinbarungen, in Minsk oder anderswo zustande gekommen nicht zuletzt durch den Einsatz von Bundeskanzlerin Angela Merkel auch weil sie sich dem Druck Washingtons zu Waffenlieferungen an die Ukraine kontinuierlich widersetzt hat, sind Lösungen auf Zeit, aber nicht auf Dauer. Von jener friedenssichernden Stabilität, von der in großer Übereinstimmung zwischen Strauß und Gorbatschow die Rede war, sind West und Ost heute gefährlich weit entfernt. Auch die geschichtliche Erfahrung, in deren Beurteilung die beiden Gesprächspartner übereinstimmten, wonach beide Völker dann den größten Nutzen zogen, wenn Russland und Deutschland in Frieden lebten, scheint heute das politische Denken in Moskau und Berlin – und über Berlin hinaus in ganz Westeuropa – nicht mehr in der zwingend notwendigen Weise zu bestimmen. Und es ist weniger als nur die halbe Wahrheit, wenn die Schuld daran in der Politik und in den Medien des Westens allein Russland und seinem Präsidenten Wladimir Putin angelastet wird. In der Einschätzung der politischen Entwicklungen seit dem tiefen historischen Einschnitt der Wende, verbundenen mit dem Ende der Sowjetunion, gibt es zwangsläufig große Unterschiede zwischen Europa auf der einen und Moskau auf der anderen Seite. Für die Politik des Westens, der Europäischen Union (EU) wie der Bundesrepublik Deutschland, verbietet sich jede Siegerpose und daraus erwachsendes Überlegenheitsgehabe. Zu einer Politik, die Dauer hat und weit trägt, gehört unerlässlich, sich in die Position des Gegenübers hineinzufühlen. Brüssel wie Berlin müssen auch die Möglichkeiten Moskaus einzuschätzen wissen, die Grenzen seiner Möglichkeiten erkennen. Die Handlungsmöglichkeiten eines Mannes wie Putin müssen im Auge und im Kopf behalten, auch die Grenzen, die er nicht überschreiten kann, beachtet werden. Dass vertrauensbildende Maßnahmen sich nicht nur auf politisches Handeln beziehen dürfen, sondern auch für die Beziehungen der handelnden politischen Personen unentbehrlich sind, verlangt im besonderen das ständige Bemühen, die Situation des jeweils Anderen zu verstehen.

Die Begegnung von Franz Josef Strauß mit Michail Gorbatschow galt, in Bonn und von der Bundesregierung und Bundeskanzler Helmut Kohl nachdrücklich bestätigt, als großer Erfolg und als wichtiger Beitrag zur Stabilisierung dauerhafter und tragfähiger deutsch-russischer Beziehungen. Die „Chemie" zwischen den beiden Männern stimmte. Der Vorsitzende aus Bayern war für die sowjetische Seite ein ganz anderer als der, den kommunistische Propaganda über Jahrzehnte hinweg verbreitet hatte. Und der Generalsekretär der KPdSU, der mächtigste Mann der Sowjetunion, war auch ein ganz anderer, als er hätte sein müssen, um sich naht- und bruchlos in die lange Reihe seiner Vorgänger einzufügen. Dennoch, auch daraus sind allgemeine politische Lehren zu ziehen, ist Franz Josef Strauß in Moskau nicht einen Augenblick von seiner klaren Linie abgegangen, bewährte und bekannte deutsche und auch persönliche Positionen aufzugeben. Es blieb zu jeder Zeit in den Gesprächen deutlich, dass es nach wie vor tiefe ideologische Gräben zwischen Ost und West gibt. Aber, so Strauß in seiner Bewertung: „Ich bin nach diesem Besuch von einem überzeugt – Gorbatschow und die neue politische Führung der Sowjetunion wollen keinen Krieg und nach innen zwar Reformen, aber keine grundsätzliche Änderung des Systems, sie wollen offenbar Konflikte abbauen." Die Konsequenz für die deutsche und europäische Politik: „Es ist unsere Pflicht, auf diesem schwierigen Weg zu helfen, mit Augenmaß und Nüchternheit, ohne Illusionen und ohne falsche Maßstäbe. Wer nur mit westlichen Augen die neue Entwicklung der Sowjetunion betrachtet und westliche Vorstellungen damit verbindet, wird enttäuscht werden."

Wesentlich für Strauß, im Gegensatz zu einem oftmals von ihm gezeichneten falschen Bild immer ein Mann des Friedens, war die Bestätigung, die er in Moskau auch auf der anderen Seite für diese unverrückbare Grundhaltung fand: „Entscheidend für uns ist: Seit Jahr und Tag vertrete ich die Meinung, dass Krieg in unserer Zeit kein Mittel der Politik mehr sein kann und Kriege nicht mehr kalkulierbar, nicht mehr führbar und nicht mehr denkbar sind. Mit dieser Ansicht habe ich in Moskau ungeteilte Zustimmung gefunden." Weder abgrundtiefer Pessimismus noch überzogener Optimismus waren für Strauß mit Blick auf seine Unterredungen in Moskau die richtigen Orientierungspunkte, die neuen Entwicklungen in der Sowjetunion und deren Politik zu beobachten. Gefragt seien Realitätssinn, Gelassenheit und Wachsamkeit, ein Dreiklang, der nichts von seiner Richtigkeit verloren hat.

In Vorbereitung seines Moskau-Besuchs, für die wenig Zeit zur Verfügung stand, war von München aus darauf gedrängt worden, bei einer Reise, bei der so viel von der unabdingbaren Notwendigkeit des Friedens die Rede war, an Vergangenheit und Krieg zu erinnern und den Besuch eines deutschen Soldatenfriedhofs einzuplanen. Der Wunsch wurde erfüllt. Und allen, die im tiefen Winter und im tiefen Schnee bei diesem Programmpunkt dabei waren, wird er in bewegender Weise dauerhaft im Gedächtnis bleiben. Die sowjetische Nachrichtenagentur TASS schrieb über diesen Termin der Strauß-Reise: „Der Ministerpräsident des Landes Bayern (BRD) und Vorsitzende der Christlich-Sozialen Union der BRD, Franz Josef Strauß, besuchte am Mittwoch den Friedhof Ljublino in Moskau und legte einen Kranz nieder. Auf diesem Friedhof liegen 596 ehemalige deutsche Kriegsgefangene begraben, die im Zweiten Weltkrieg gegen die Sowjetunion kämpften. ‚Für Frieden und Versöhnung' – diese Inschrift in russischer Sprache ist auf dem Obelisk in dunklem Marmor eingraviert, der am Eingang des Friedhofs steht. 'In den Herzen der sowjetischen Menschen gibt es keinen Hass auf diese Soldaten', sagte die Leiterin des Friedhofs, Irina Charitonowa, zu dem TASS-Korrespondenten.

‚In den vielen Jahren, in denen ich jetzt hier arbeitete, habe ich niemals erlebt, dass ein Grab geschändet wurde. Im Gegenteil, zuweilen, besonders zu Ostern, legen Leute Blumen oder Ostereier auf die Gräber.'"

Der *Frankfurter Allgemeinen* (FAZ) fiel dieses Geschehen während des Aufenthalts von Strauß in Moskau besonders auf, weil Kranzniederlegungen auf diesem deutschen Soldatenfriedhof von den sowjetischen Medien bisher nie registriert worden waren. Die *FAZ* schrieb deshalb: „Wichtiger als das Foto in der *Prawda* ist eine auch fürs sowjetische Publikum bestimmte TASS-Meldung über den Besuch des Gastes auf dem deutschen Soldatenfriedhof bei Moskau. Dieser Friedhof ist damit aus seiner sowjet-amtlichen Nicht-Existenz gehoben."

Franz Josef Strauß, in seiner langen politischen Laufbahn immer für Schlagzeilen gut, erregte mit seiner völlig überraschenden Reise nach Moskau besonderes Aufsehen. Die Medien überschlugen sich in Berichten und Kommentaren, politische Feinde wie Freunde waren ratlos, den Respekt vermochte Strauß kaum jemand zu verweigern. Die *FAZ* analysierte: „Aber stärker als der protokollarische Zorn der in Bonn Übergangenen ist der moralische all jener im Lande, die seit Jahr und Tag über Strauß als einen Ausbund an Unfriedfertigkeit und Antikommunismus laut geklagt haben. Ihr Chor ist gewaltig und vielstimmig. Da muss schon die moskautreue *Deutsche Kommunistische Zeitung* auf ‚viele Fragen' antworten, warum man sich in der UdSSR ausgerechnet mit so einem Mann an einen Tisch setze. Trauer trugen ebenso die Mitmarschierer der Friedensbewegung, die Strauß alle Friedensfähigkeit abgesprochen hatten, zusammen mit Hunderttausenden von Studenten, die seinetwegen ‚auswandern' wollten. Hinzu kommen Oppositions-Politiker, die vor der sowjetischen Führung im Staube lagen und mit Verständnis für deren Westpolitik Punkte sammeln wollten. Zürnen müssen aber auch altfränkische Aufrechte, die von jeher den Umgang mit Bolschewiken verurteilt haben. Sie alle, alle sehen nun, dass der ‚Falsche' eingeladen ist und hofiert wird. Doch darin steckt die Lehre. Kommunisten respektieren nur diejenigen Partner, die reagieren, wie sie selber in gleicher Lage reagiert hätten. Auf Schönredner geben sie nichts. Deshalb war Strauß für sie auch der Richtige."

Immer wieder wurde in der politischen Diskussion und in den Medien die Frage gestellt, warum gerade Strauß, auch weil im regierungsamtlichen Bonn so viele auf eine Einladung nach Moskau gewartet hätten, als Vorzugsgast zu Gorbatschow kam. Die Frage, warum die Strauß-Reise nach Moskau in mehrfacher Hinsicht aus dem Rahmen fiel, wurde von der Zeitung *Main-Echo* klar beantwortet: „Sie unterstreicht sowjetischerseits das Eigengewicht eines Politikers, der sich gegenüber der Sowjetunion nie angebiedert hat und auch jetzt keinen Hehl daraus macht, dass er sein Politik- und Demokratieverständnis nicht am Kremltor abgeben wird. Strauß ist als Gesprächspartner für die Sowjetunion außenpolitisch und vor allem außenwirtschaftspolitisch interessant geworden, als Ministerpräsident eines technologisch aufblühenden Bundeslandes, dessen Meinung und Rat zu den Reformansätzen passt, die sich sowohl im Ostblock als auch in China zeigen. Jetzt will offenbar auch die Sowjetunion Gorbatschows davon profitieren."

In den Kommentaren zur Moskau-Reise wurde stets auch darauf hingewiesen, dass Strauß Soldat in der Deutschen Wehrmacht gewesen sei und in Russland gekämpft habe. Die *Aachener Volkszeitung* vermerkte dazu: „Da kam nicht nur jener Leutnant der Heeresartillerieabteilung 289, der 1942 die Sommeroffensive bei Rostow am Don mitgemacht hatte und bei der Flankendeckung der auf Stalingrad vorstoßenden 6. Armee dabei war, sondern einer der erfahrensten deutschen Nachkriegspolitiker, der im Kreml ungewöhnliches Ansehen genießt und auch von Schewardnadse wie von Gorbatschow mit außergewöhnlichem Interesse empfangen wurde. Strauß hat den Russen imponiert, viel mehr als alle gefühlsmäßig Friedensbewegten, die von den wahren Sicherheitsfragen keine Ahnung hatten und Strauß als kalten Krieger disqualifizieren wollten. Er hat den Krieg in Russland mit allen Schrecken erlebt, er weiß was Krieg und was Frieden bedeutet, und dies alles hat er offensichtlich auch in Moskau vermitteln können."

Bei einem festlichen Abendessen im Kreml, zur Verabschiedung von Strauß und seiner Delegation gegeben, schlugen Strauß und Gorbatschow den Ton an, der auch heute noch die deutsche Politik gegenüber Russland und die russische Politik gegenüber Deutschland bestimmen muss: Jene Phasen der Geschichte, in denen das Verhältnis zwischen Deutschland und Russland ein friedliches war, gereichten beiden Völkern zum Segen. Und Franz Josef Strauß ergänzte mit der ihm eigenen bilderreichen Sprache, dass die Zeit kommen müsse, in der der russische Bär und der bayerische Löwe gemeinsam und friedlich auf einer Wiese äsen könnten.

Eine bessere Zielvorgabe für deutsche und russische Politik könnte es auch mehr als ein Vierteljahrhundert nach dieser denkwürdigen Reise nicht geben.

Eine schwierige Geschichte:
Russland und die Ukraine

Der Weg der Ukraine in der Geschichte ist von Geradlinigkeit weit entfernt. Nationalstaatliches Denken und eine dementsprechende Wirklichkeit kamen erst im 19. Jahrhundert auf, um sich dann im 20. und, in dramatischer Form, im 21. Jahrhundert voll zu entfalten. Ukrainische und russische Geschichte gehörten dabei immer zusammen, auf oftmals verschlungenen Wegen gab es Phasen der Gemeinsamkeit und der Trennung. Vor allem aber gab es gemeinsame Wurzeln. Im Zusammenrücken ostslawischer Stämme bildete sich im 9. Jahrhundert das Reich von Kiew heraus. Normannische Kaufleute und Krieger, aus Skandinavien kommend, waren bei dieser Reichsgründung nicht nur dabei, sie brachten diesem neuen Herrschaftsgebiet auch seinen Namen mit, Rus, der nicht nur zur zusammenfassenden Bezeichnung aller Ostslawen wurde, sondern in den Namen der Russen und Russlands bis heute Bestand hat. Im Jahre 988 ließ sich Großfürst Wladimir taufen, schloss sein Reich der griechisch-orthodoxen Kirche an.

Wie sehr ukrainische und russische Geschichte durch die Jahrhunderte verwoben blieben, sah man, als zur 1025-Jahrfeier der Taufe Wladimirs und der Christianisierung der Rus im Jahre 2013 in Kiew sich nicht nur die führenden orthodoxen Geistlichen versammelten, sondern auch der russische Präsident Wladimir Putin und sein ukrainischer Kollege Viktor Janukowitsch an dieser Feier teilnahmen. Dass es sich bei den Beziehungen zwischen Kiew und Moskau um eine Verbundenheit der besonderen Art handelt, geht aus einer Rede hervor, die Putin im selben Jahr über die Zugehörigkeit auch einer unabhängigen Ukraine zur „russischen Welt" hielt: „Die Ukraine ist ohne Zweifel ein unabhängiger Staat. So hat sich die Geschichte entwickelt. Aber lasst uns nicht vergessen, dass der heutige russische Staat seine Wurzeln am Dnepr hat. Wir haben, wie wir zu sagen pflegen, im Dnepr unser gemeinsames Taufbecken. Wir haben gemeinsame Traditionen, eine gemeinsame Mentalität, eine gemeinsame Geschichte und Kultur. Wir haben sehr ähnliche Sprachen. In diese Hinsicht sind wir, ich wiederhole es, ein Volk. Natürlich haben das ukrainische Volk, die ukrainische Kultur und die ukrainische Sprache wundervolle Eigenschaften, die die Identität der ukrainischen Nation ausmachen. Und wir respektieren sie nicht nur, sondern, was mich betrifft, ich liebe sie. Die Ukraine ist ein Teil unserer großen russischen oder russisch-ukrainischen Welt. Doch die Geschichte hat es mit sich gebracht, dass ihr Territorium heute ein unabhängiger Staat ist, und wir respektieren das."

Nimmt man diese Gedanken ernst – und man sollte es tun und sie nicht als politisch-taktisches Manöver betrachten –, so wird klar, dass die Ukraine für Russland nie ein Land war wie jedes andere, nicht irgendein Nachbar wie andere Nachbarn. Die Ukraine war und ist für Russland auch nicht nur ein Wirtschaftspartner der üblichen Art, es spielen im Verhältnis von Moskau zu Kiew andere, nicht in Zahlen und Geld ausdrückbare Faktoren eine Rolle. Schon Michail Gorbatschow hatte nach Auflösung der Sowjetunion, nach der Unabhängigkeitserklärung der Ukraine und im Vorfeld der Gründung der Gemeinschaft Unabhängiger Staaten (GUS) die besondere und eigentlich nicht auflösbare Verbindung Russlands mit der Ukraine aus russischer Sicht auf den Punkt gebracht: „Ohne Ukraine kann es keine Union geben, und es kann auch keine Ukraine ohne Union geben. Diese beiden slawischen Staaten waren für Jahrhunderte die Achse, an der sich ein riesiger multinationaler Staat entwickelte. So wird es auch bleiben." Dass deshalb das nicht im Einvernehmen mit Moskau, sondern in scharfer Abgrenzung zu Russland begonnene Abwandern der Ukraine in Richtung EU oder gar NATO von der russischen Führung als verletzender Affront aufgenommen werden musste, kann nur von jemand nicht verstanden werden, der jeden Versuch unterlässt, sich in das Fühlen und in die geschichtlichen Erfahrungen der anderen Seite hineinzuversetzen.

Die Geschichte der Ukraine ist von Kämpfen aller Art, von Besatzungen und Spaltungen, von Unterdrückung und anhaltenden Verschiebungen auf der politischen Landkarte gekennzeichnet. Das Kiewer Reich der Rus ging unter in Kriegen und Kämpfen seiner einzelnen Fürstentümer. Im 13. Jahrhundert übernahmen mongolische Stämme aus Asien die Herrschaft über das Reich: die Goldene Horde. Die Mongolen, von den Rus Tataren genannt, siedelten selbst an der Wolga und regierten das von ihnen beherrschte Land mit Geiselnahmen, Strafexpeditionen und Tributzahlungen. Nach dem Ende der Mongolenherrschaft fielen große Teile der heutigen Ukraine an das Großfürstentum Litauen, im 16. Jahrhundert an das Königreich Polen. Kosakenaufstände zeichnen dann viele Jahrzehnte lang das unruhige Geschehen auf ukrainischem Boden. Nach einem Friedensschluss zwischen Russland und der Türkei beginnt eine verstärkte Besiedelung der Südukraine, 1783 wurde die Krim von Russland annektiert. Immer wieder greift das Geschehen in der Nachbarschaft einschneidend auf das Schicksal der Ukraine über. So wirken sich, von den heutigen Grenzen ist man weit entfernt, die Aufstände in Polen, die Kämpfe um das Land und die polnischen Teilungen unmittelbar auf die Entwicklungen in der Ukraine aus. Das 19. Jahrhundert brachte in jäher Abwechslung Fort- und Rückschritte einer ukrainischen Staatswerdung.

Die Bildung eines einheitlichen und geschlossenen ukrainischen Nationalstaats fand vor allem in der ethnischen und sich oftmals feindselig gegenüberstehenden Vielfalt der in der Region lebenden Menschen ein schwer zu überwindendes Hindernis. Es gab ukrainische Minderheiten unter Russen, Polen, Slowaken und Rumänen anzutreffen, während wiederum in Regionen mit einer deutlichen ukrainischen Mehrheit Russen, Polen, Juden, Weißrussen, Rumänen, Deutsche, Bulgaren, Tschechen, Griechen und Roma anzutreffen waren. „Die Bevölkerung der Ukraine war also selbst für osteuropäische Verhältnisse ethnisch sehr gemischt", sagt Andreas Kappeler, emeritierter Professor für Osteuropäische Geschichte an der Universität Wien.

„Im Gegensatz zu den meisten anderen europäischen Völkern fehlte den Ukrainern ein größerer ethnisch geschlossener Siedlungskern. Die Minderheiten der Polen und Juden waren seit dem Mittelalter, die Russen und Kolonisten seit dem 18. Jahrhundert in die Ukraine eingewandert. Der Bevölkerungsanteil der Ukrainer selbst ging auch im 19. Jahrhundert sowohl im russischen wie im österreichischen Teil weiter zurück. In den Steppengebieten der Südukraine waren allerdings auch die Ukrainer Zuwanderer."

Wichtig in diesem Zusammenhang: Die weitaus größte berufliche und soziale Gruppe waren vor dem Ersten Weltkrieg die Bauern, die im russisch beherrschten Teil des Landes 85 Prozent der Bevölkerung ausmachten. Von großer Bedeutung für die Geschichte der Ukraine, für Umbrüche, Revolutionen und politische Kämpfe erwies sich zudem, dass die Urbanisierung mit ihrem Anwachsen der großen Städte weitgehend ohne die ukrainische Bevölkerung vonstatten ging, die ihrer bäuerlichen Tradition entsprechend auf dem Land blieb. Um 1900 lag der Anteil der ukrainischen Einwohner in Kiew bei 16 Prozent, in Charkiv bei 26, in Lemberg bei 20 und in Odessa gar nur bei 9 Prozent. Umgekehrt waren zu dieser Zeit die größeren Städte, die Plätze also, wo Unruhen und politische Bewegungen zuerst beginnen, russisch geprägt. Zu Beginn des 20. Jahrhunderts stellten die Russen in Kiew 54, in Charkiv 63 und in Odessa 49 Prozent der Stadtbevölkerung. Die ökonomische und militärische, die administrative und kulturelle Führungsschicht war also russisch geprägt. Ähnliches galt für die Facharbeiter in der Stahlindustrie und im Bergbau im Süden des Landes. Das für eine revolutionäre Zukunft ausschlaggebende industrielle Proletariat war russisch dominiert. Zwangsläufig mussten sich im westlichen, im früher österreichisch beherrschten Teil der Ukraine andere, gegenläufige politische Entwicklungen ergeben. Die ukrainische Nation war ein großes Thema der Politik, das aber in der Realität des Lebens nicht den entsprechenden Niederschlag fand.

Hier stellt Jörg Baberowski, Professor für die Geschichte Osteuropas an der Berliner Humboldt-Universität, Fragen, die in der aktuellen aufgeregten politischen und medialen Diskussion zur Lage und zur Zukunft der Ukraine im Westen nicht gestellt und erst recht nicht beantwortet werden: „Nationen sind entweder Sieger- oder Opfergemeinschaften, damit sie sein können, was die Nationalisten sich ausgedacht haben. Die Ukraine wird als Nation von Opfern ausgestellt, die über Jahrhunderte unterdrückt worden und erst nach dem Ende der Sowjetunion aus tiefer Finsternis erwacht sei. In allen postsowjetischen Republiken erzählen Nationalisten solche Erweckungsgeschichten. Sie sollen belegen, dass es immer schon der Wunsch aller Menschen gewesen sei, in einer Nation von Gleichgesinnten zu leben. In der nationalen Mythologie von Separatisten konnten die Vielvölkerimperien der Zaren und Kommunisten nichts anderes als Völkerkerker sein, in denen Despoten unglückliche Menschen unterdrücken." Historiker hätten diesen Mythos zu untersuchen und zu widerlegen. Sie seien die „ärgsten Feinde" der Nationalisten, weil sie Fragen stellten und wissen wollten, wie es eigentlich gewesen sei. Zum Thema Ukraine heißt das: „Gab es eine ukrainische Nation, als Zar Peter die Festung der Kosaken verwüstete? Wollten die Bauern des 19. Jahrhunderts Ukrainer sein? Und wussten sie, was ein Ukrainer war und wie man sich in einen solchen verwandelte? Wurden die Kosaken nicht auch deshalb von den Kommunisten verfolgt, weil sie dem Zaren geholfen hatten, revolutionäre Erhebungen niederzuschlagen? Warum ließ Stalin, der Georgier, nicht nur Ukrainer, sondern auch Russen, Polen und Juden töten und nach Sibirien verschleppen, fragen sie. Warum verhungerten in der Ukraine des Jahres 1933 nicht nur Ukrainer, sondern auch deutsche, russische und polnische Bauern? Müsste man nicht auch über die Ukrainer sprechen, die als Kommunisten Bauern terrorisiert und Landsleute getötet hatten? War die poststalinistische Sowjetunion wirklich ein Völkergefängnis? War sie nicht vielmehr ein erfolgreiches Modell interethnischer Konfliktbewältigung? Kann man sich die Ukraine überhaupt als Nation ohne das Imperium vorstellen, und war sie nicht auch ein imperiales Projekt und Kind der Sowjetunion?" Denn, so sieht es nicht nur Professor Baberowski, das Ende der Sowjetunion sei nicht gekommen, weil sich Millionen dagegen erhoben hätten, sondern weil sich die Führer des Systems und des Regimes für die Auflösung entschieden hätten.

Dabei war in der Geschichte der westlichen Ukraine alles anders als in der östlichen. Der Westen hatte einst zur österreichischen Doppelmonarchie der Habsburger gehört, war nach dem Ersten Weltkrieg Polen zugeteilt worden. Hier gab es kein Verstehen und keine Annäherung, zunächst nicht an die absolute Zarenherrschaft und dann auch nicht an Kommunismus und Sowjetunion; hier gab es nur Ablehnung dieser Art von Revolution. Eine andere Einstellung war auf Grund des gegen die gesamte Bevölkerung gerichteten Terrors von Josip Stalin auch nicht möglich.

In der Tat, Stalin war zum Schreckensbild für große Teile der Ukraine geworden. Sein Kampf gegen die Bauern des Landes wurde zum Ausrottungskrieg. Mit brutalem Druck wurde eine nahezu hundertprozentige Kollektivierung der meistens kleinbäuerlichen Landwirtschaft erzwungen, um die Getreideablieferungen wirksamer organisieren und widerspenstige Bauern besser kontrollieren zu können. Um Einnahmen aus den Getreideexporten für die Finanzierung der Industrialisierung zu gewinnen, wurden Bauern zur Ablieferung ihrer gesamten Ernten einschließlich des Saatgetreides für das kommende Jahr gepresst. Die Folge war eine grausame Hungersnot, die verheerende Seuchen nach sich zog. In den Jahren 1932 und 1933 starben drei bis vier Millionen Menschen, ganze Familien wurden ausgerottet, ganze Dörfer starben aus. Diese Hungersnot gilt heute in der Ukraine offiziell als Genozid, „Holodomor" in der ukrainischen Sprache. Das Bewusstsein, mehr als andere Völker unter dem Sowjetkommunismus gelitten zu haben, stellt für große Teile der Bevölkerung einen wichtigen Faktor des Nationalbewusstseins dar.

Professor Kappeler zitiert zu diesem politischen und humanitären Tiefpunkt der ukrainischen Geschichte aus den Memoiren des 1997 in Köln verstorbenen russischen Dichters Lew

Kopelew, der in dieser Zeit beim furchtbaren Geschehen in der Ukraine als junger Aktivist dabei war: „Im schrecklichen Frühjahr 1933 sah ich Menschen Hungers sterben. Ich sah Frauen und Kinder mit aufgedunsenen Bäuchen, sah sie blau werden, noch atmend, aber mit leeren, leblosen Augen. Und Leichen – Leichen in abgerissenen Schafspelzen und billigen Filzstiefeln, Leichen in Bauernhütten. Ich sah dies alles und wurde weder verrückt noch beging ich Selbstmord. Und ich verfluchte jene nicht, die mich ausschickten, den Bauern das Getreide im Winter wegzunehmen. Denn ich war davon überzeugt, dass ich die große und notwendige Transformation der Landgebiete vollzog, dass in den kommenden Tagen die Menschen, die dort lebten, deshalb besser dran sein würden, dass ihr Kummer und ihre Leiden die Folge ihrer eigenen Unwissenheit oder der Machenschaften des Klassenfeindes seien."

Nach Stalin kam Hitler, das Elend und die Unterdrückung blieben. Nach dem Zwischenspiel des Hitler-Stalin-Pakts folgte im Juni 1941 der Überfall der Deutschen Wehrmacht auf die Sowjetunion. Teile der ukrainischen Bevölkerung, die auf Besserung der Verhältnisse gehofft hatten, wurden von der Besatzungsmacht bitter enttäuscht. Die Deutschen übernahmen die Herrschaft über das ganze Land: Galizien wurde dem Generalgouvernement, dem von den Deutschen besetzten Gebieten Polens zugeteilt, die verbündeten Rumänen erhielten die Nord-Bukowina, Bessarabien und die Region um Odessa, der Osten in Frontnähe unterstand der deutschen Militärverwaltung, der größte Teil der zentralen und südlichen Ukraine wurde zum Reichskommissariat erklärt. Reichskommissar Erich Koch umriss seine Aufgabe mit aller Brutalität: „Es gibt keine freie Ukraine. Das Ziel unserer Arbeit muss sein, dass die Ukrainer für Deutschland arbeiten, und nicht, dass wir das Volk hier beglücken. Die Ukraine hat das zu liefern, was Deutschland fehlt. Diese Aufgabe muss ohne Rücksicht auf Verluste durchgeführt werden. Für die Haltung der Deutschen im Reichskommissariat ist der Standpunkt maßgebend, dass wir es mit einem Volk zu tun haben, das in jeder Hinsicht minderwertig ist. Das

Bildungsniveau der Ukrainer muss niedrig gehalten werden. Es muss ferner alles getan werden, um die Geburtenrate dieses Raumes zu zerschlagen. Der Führer hat besondere Maßnahmen hierfür vorgesehen."

Diese Rezeptur der Ausbeutung und des Todes wurde konsequent befolgt: Zwei Millionen ukrainische Frauen und Männer wurden als Zwangsarbeiter nach Deutschland verbracht. Hunderttausende Ukrainer kamen mit vielen anderen Soldaten der Sowjetarmee in der Gefangenschaft ums Leben. Die Juden in der Ukraine wurden von Anfang an unbarmherzig verfolgt, Hunderttausende von den „Einsatzgruppen der Sicherheitspolizei und des SD", die hinter der Wehrmacht herzogen, planmäßig umgebracht. Symbol eines mörderischen nationalsozialistischen Ungeistes wurde die Schlucht von Babyn Jar bei Kiew. Ende September 1941 wurden hier 30 000 Juden hingemordet. Im ganzen Land überlebende Juden fanden, in Gettos zusammengetrieben, dort ihren Tod. Auch 10 000 ukrainische Roma wurden Opfer des deutschen Rassenwahns. Das erschütternde Fazit, das Andreas Kappeler zieht: „Die deutsche Eroberungs- und Vernichtungspolitik bedeutete das Ende der Geschichte der ukrainischen Juden als einer der tragenden ethnischen Gruppen des Landes. Seit dem Mittelalter hatten sie den ukrainischen Städten ihr unverwechselbares Gepräge gegeben, als Mittler zwischen Stadt und Land gewirkt und in ihren städtischen und dörflichen Gemeinschaften ein reiches kulturelles Leben entwickelt."

Die Rückeroberung der Ukraine durch die Rote Armee vom August 1943 an verbindet sich in der Erinnerung vieler Ukrainer mit dem „Großen Vaterländischen Krieg", der als das gefühlsmäßige und ideologische Fundament der Union der Sozialistischen Sowjetrepubliken, zum Gründungsmythos der Sowjetunion wurde. Für die Ukraine freilich trug diese durch einen furchtbaren und siegreichen Krieg entstandene Gemeinsamkeit nicht weit genug. Sie konnte es auch nicht tun, weil der Krieg Ukrainer auf beiden Seiten der Front gesehen hatte. Aus dem Westen der Ukraine kamen Kämpfer auf die Seite der

Deutschen, weil sie in einem tragischen Irrtum die Befreiung von kommunistischem Joch und stalinistischem Terror erhofften und Opfer des deutschen Terrors wurden. Dennoch setzten ukrainische Einheiten den Kampf gegen die Rote Armee noch nach Kriegsende fort, ehe sie von der kommunistischen Militärmacht niedergeworfen werden konnten.

Der Osten der Ukraine ging mit ganz anderen Erfahrungen und Erinnerungen in die Nachkriegszeit und in den staatlichen Verbund mit der Sowjetunion. Die Ukrainer aus diesem Teil des Landes waren Soldaten der Roten Armee, hatten für die Sowjetunion gekämpft, waren dafür gestorben. Vor diesem Hintergrund ist der unabhängige Staat Ukraine von einem Erfahrungsgleichklang seiner Menschen weit entfernt. Der Aufstand auf dem Maidan, dem Hauptplatz von Kiew, war keine geschlossene Veranstaltung Gleichgesinnter. Die eine Seite schmähte die andere als altkommunistische Vollstrecker der politischen Ziele Moskauer Willens, die andere Seite wiederum die eine als faschistische Kämpfer. Das gemeinsame geschichtliche Weltbild, das in Zeiten der Sowjetunion einigermaßen funktioniert und getragen hatte, ist zerbrochen. Die Grundlage, auf der man die Zukunft des Landes organisieren wollte, ist verschwunden. Und mit Mehrheitsentscheidungen, der im Westen, in Europa wie in den USA, als problemlos angesehene übliche demokratische Entscheidungsweg, sind die tiefen Gegensätze in einem tief gespaltenen Land wie der Ukraine nicht zu überwinden. Vor allem dann nicht, wenn nach Meinung einer starken russischen oder prorussischen Minderheit im Land, nach Jahrzehnten das auf Moskau ausgerichtete politische Lager verlassen, eine Wende um 180 Grad vollzogen, als Mitglied in die EU und gleichzeitig oder anschließend gar in die NATO marschiert werden soll.

Der Aufstand auf dem Kiewer Maidan-Platz ist deshalb nur für eine Mehrheit, nicht aber für alle Ukrainer der Aufbruch in ein neues Zeitalter. Für viele Ukrainer gibt es auch hier zu viele offene Fragen. Im Osten des Landes, dort, wo die Separatisten die politische und militärische Macht haben, wird der von den Ereignissen auf dem Maidan ausgehende Umsturz mit völlig anderen Augen gesehen und bewertet als in Kiew oder in Europa und in den USA. Auch Moskau teilt diese Sicht der Dinge. Unstrittig ist, dass der im Februar 2012 zum Präsidenten der Ukraine gewählte Viktor Janukowitsch verfassungswidrig aus dem Amt gedrängt worden ist, worauf er nach Moskau entwich. Ein von der Verfassung vorgeschriebenes Amtsenthebungsverfahren fand jedenfalls nicht statt. Die Legitimität der ukrainischen Führung steht daher unter anhaltendem Zweifel, der bei den Gegnern der Kiewer Regierung in der Region von Donezk und Luhansk bis zur völligen Ablehnung geht. Hartnäckig hält sich hier die auch in der russischen Hauptstadt geteilte Meinung von der westlichen, speziell der amerikanischen Lenkung des Aufstands. Diese Einschätzung wiederum wird auf westlicher Seite, von der Politik wie von der Mehrheit der Medien, als Erfindung und absurde russische Verschwörungstheorie abgetan. Dennoch gibt es viele offene Fragen. Beispielsweise jene, was John Brennan, Direktor des US-Geheimdienstes CIA, im April 2014 in Kiew zu tun hatte. Dass er sich mit Ministerpräsident Arsenij Jazenjuk und seinem Stellvertreter Vitali Jarema zu Beratungen getroffen hat, wurde bestätigt. Diese CIA-Reise – russische Medien hatten zuvor berichtet, dass Brennan unter falschem Namen in die Ukraine eingereist sei – räumte dann ein Sprecher des Weißen Hauses ein, Jay Carney. Ein CIA-Vertreter teilte mit, dass seine Organisation der ukrainischen Regierung „politische Unterstützung" zugesichert habe. Auf prorussischer Seite hieß es, der CIA-Chef habe Kiew nahegelegt, „Antiterrormaßnahmen" gegen die Separatisten im Osten des Landes einzuleiten. Meldungen dieser Art waren und sind ebenso wenig geeignet, in der Ukraine eine Haltung des Ausgleichs und des Friedens zu fördern und die Separatisten zum Einlenken zu bewegen, wie vereinzelte Vorschläge und Meinungen aus dem Bereich der NATO, die in Donezk wie in Moskau als Beweis für eine westliche Einmischung in den militärischen Bereich betrachtet werden. Die militante und aggressive Wortwahl des inzwischen erfreulicherweise abgelösten NATO-Generalsekretärs Anders Fogh Rasmussen leistete Moskau und seinen Gesinnungsgenossen in der Ukraine wertvolle Argumentationshilfe und Agitationsdienste. Er lieferte die Stichworte, die nicht auf Ausgleich und Frieden, sondern auf Zuspitzung und Konfrontation gerichtet waren. Auch wenn Rasmussen von anderen Mitgliedstaaten der Allianz immer wieder gebremst wurde, verwendet sein Nachfolger Jens Stoltenberg eine andere Sprache. Wie Rasmussens Worte waren und sind auch Äußerungen amerikanischer Militärs wenig geeignet, zur Entspannung der Lage beizutragen. So lieferte der Vorschlag des amerikanischen Generals und NATO-Oberbefehlshabers Philip Breedlove, die NATO müsse mehr militärisches Aufklärungsmaterial, beispielsweise Satellitenbilder, an die ukrainischen Kämpfer weitergeben, Russland und seinen Mitstreitern in der Ukraine die willkommene Bestätigung der amerikanischen Einmischung. Auch wenn US-Präsident Barack Obama diesen Vorschlag aus dem April 2014 ablehnte, ein weiteres Mal hatte eine militärische Äußerung dieser Art ausgereicht, Russen und Ostukrainern den Beleg für das Treiben von amerikanischen Hintermännern zu liefern. Immerhin kommentierte Breedlove das Heranrücken der NATO an Russland mit dem Satz: „Wir müssen zur Kenntnis nehmen, dass sich Präsident Putin offensichtlich von der NATO bedrängt fühlt."

Die amerikanische Rolle in der kritischen und dramatischen Entwicklung des politischen und militärischen Geschehens in der und um die Ukraine ist vielfältig. Schon die Art, wie Präsident Petro Poroschenko seine Regierung zusammengestellt hat, nährt den Verdacht Moskaus, dass es sich dabei um die Etablierung eines dauerhaften amerikanischen Einflusses handeln könnte, der in Russland Unbehagen auslösen muss. Poroschenko selbst sprach von einer „unorthodoxen Entscheidung", als er nach einem Einbürgerungs-Eilverfahren drei Kabinettsmitglieder berief, die bisher nicht einmal die ukrainische Staatsbürgerschaft hatten. Die Amerikanerin Natalie Jaresko, in Chicago geboren und aufgewachsen, wurde Finanzministerin und bringt den Hintergrund mit, der am wenigsten geeignet ist, das Zusammenwachsen und die Überwindung von Gräben in der Ukraine zu befördern. Den Kiew-kritischen Ukrainern ist sie ein Paradebeispiel dafür, wie die USA den bestimmenden Einfluss im Lande übernehmen: Jaresko, Harvard-Absolventin, in ihrer Zeit im diplomatischen Dienst der USA an der Botschaft in Kiew, Mitarbeiterin beim Internationalen Währungsfond, bei der Weltbank und der Europäischen Bank für Wiederaufbau und Entwicklung, dann Spitzenmanagerin und Miteigentümerin beim US-Investmentfonds Horizon Capital, der von 2010 bis 2012 gemeinsam mit Goldman Sachs am „Ukrainian Investment Forum" teilgenommen hat, als es um die Privatisierung ukrainischer Konzerne ging, zudem einst zur einflussreichsten Ausländerin in der Ukraine gewählt – Washington wird die dadurch kompetent gesicherten amerikanischen Mitsprachrechte in der ukrainischen Politik zu schätzen wissen.

Mit einer Blitz-Staatsbürgerschaft konnte Poroschenko auch den neuen Wirtschaftsminister ins Land holen. Aivaras Abromavičius kommt aus Litauen und ist offensichtlich als Seniorpartner von East Capital, einem schwedischen Hedge Fonds, für sein Staatsamt qualifiziert. Warum dieses neue Mitglied des Kabinetts Jazenjuk der geeignete Mann sein soll, die am Boden liegende Wirtschaft aufzurichten, bleibt auch deswegen rätselhaft, weil Abromavičius nicht einmal die ukrainische Sprache beherrscht. Dritter Ministerimport auf dem Wege der raschen Einbürgerung: Der neue ukrainische Gesundheitsminister Alexander Kwitaschwili kommt aus Georgien, wo er seit 2008 ebenfalls das Amt des Gesundheitsministers ausgeübt hatte. Über die Hintergründe dieser Berufung wird in Kiew besonders aufmerksam diskutiert, vor allem werden Fragen nach den Beweggründen von Staatspräsident Poroshenko für diese Personalie gestellt. Bemerkenswert: Zum gleichen Zeitpunkt, als im Dezember 2014 diese Kabinettberufungen bekannt und über die Grenzen der Ukraine hinaus debattiert wurden, stellte ein Jahr nach den Protesten auf dem Maidan Transparency International der Regierung in Kiew ein mehr als schlechtes

Startzeugnis aus: In der Korruptionsliste nimmt das Land von 175 untersuchten Staaten den Platz 145 ein. Damit sei, so Tranparency, die Ukraine „das korrupteste Land Europas".

Wie stark sich die USA in der „neuen Ukraine" auch personell festsetzen, unterstützt die russischsprachigen Ukrainer im Osten ihres Landes und die Russen verständlicherweise in ihrer skeptischen Sicht der zukünftigen politischen Entwicklung. Hunter Biden, Rechtsanwalt in der New Yorker Großkanzlei Boies, Schiller & Flexner und Sohn des amerikanischen Vizepräsidenten Joe Biden, hat eine Spitzenposition beim ukrainischen Gasproduzenten Burisma. Während eine solche Positionierung Moskau alarmiert, wird sie in Washington heruntergespielt. Präsidentensprecher Jay Carney zog sich, so *Der Spiegel*, auf eine knappe und wenig glaubwürdige Erklärung zurück: „Hunter Biden und die anderen Mitglieder der Biden-Familie sind freie Bürger der USA. Ihr berufliches Engagement geht die Regierung ebenso wenig an wie den Präsidenten oder seinen Stellvertreter." Dafür sitzt bei Burisma zwar kein Ukrainer im Aufsichtsrat, aber unter den amerikanischen Aufsehern findet sich auch Devon Archer, laut *Wall Street Journal* ein enger Freund des Stiefsohns von US-Außenminister John Kerry. In eingeführter ukrainischer Praxis dominieren Seilschaften aus Politikern und Wirtschaftsoligarchen das einträgliche Gasgeschäft. Für die Geschäfte von Burisma, erst seit 2002 auf dem Gasmarkt tätig, scheint sich das zu lohnen. Größere Übernahmen haben stattgefunden, das *Wall Street Journal* sieht den Oligarchen und früheren Minister Nikolai Slotschewski im Hintergrund die Fäden ziehen.

Auch die Frage, wer auf dem Maidan geschossen hat und für die Todesopfer verantwortlich ist, wird in Kiew und im Osten der Ukraine jeweils anders beantwortet. Während die eine Seite Janukowitsch und das alte Regime verantwortlich macht, sieht die andere Seite Kräfte und Täter aus dem Lager der Revolutionäre und Umstürzler am Werk. Die Mutmaßung, ja Behauptung der neuen Regierung und der meisten westlichen Medien, dass die Schüsse auf dem Maidan von Kämpfern des alten Regimes abgefeuert worden seien und zu vielen Opfern geführt hätten, erntete heftigen Widerspruch. Im März 2014 kam ein abgehörtes Telefongespräch zwischen der damaligen EU-Außenbeauftragten Catherine Ashton und dem estnischen Außenminister Urmas Paet an die Öffentlichkeit. Paet berichtete von einer Unterredung mit einer ukrainischen Ärztin, die auf dem Maidan Tote gesehen und Bilder davon gezeigt habe, aus denen hervorgehe, dass Scharfschützen auf beiden Seiten und mit den gleichen Gewehren im Einsatz gewesen seien. Paet bedauerte in dem – zugegebenen – Gespräch mit Ashton, dass die neue Regierung in Kiew keine gründliche Untersuchung durchführe, weil sich dadurch die Meinung immer stärker verbreite, „dass hinter den Scharfschützen nicht Janukowitsch stecke, sondern jemand aus der neuen Koalition".

Inzwischen gerät die legendenhafte Verklärung des Maidan als eines Platzes der friedlichen und demokratischen Erhebung, gegen die Übeltäter und Anhänger des alten Regimes mit Brutalität, Gewalt und Todesschüssen vorgegangen seien, zunehmend in peinliches Zwielicht. Schon zu Beginn des Jahres 2015 hatte ein bekannter Führer einer revolutionären Kämpfergruppe der *Frankfurter Allgemeinen* berichtet, „dass beileibe nicht nur die Staatsgewalt auf Demonstranten schoss, sondern dass auch seine Männer damals Gewehre trugen und gezielt abfeuerten". Dass zu den mehr als hundert Toten in jenen Februartagen 2014 auch 13 Polizisten gehörten, kann also nicht überraschen. Die Regierung in Kiew hatte seinerzeit zugesagt, die Vorgänge und Hintergründe des Maidan-Aufstands genau zu untersuchen und aufzuklären. Dazu gab es Anfang April 2015 bemerkenswerte Neuigkeiten. Thorbjörn Jagland, Generalsekretär des Europarats, hatte eine Expertengruppe beauftragt, das Geschehen auf dem Maidan aufzuklären und die Schuldigen zu finden. Das Ergebnis dieser Suche endete im Nichts. Der Grund: Die Regierung in Kiew, so die Bilanz des Europarats, habe zur Aufklärung der Gewalttaten nicht nur nichts beigetragen, sondern die Arbeit der Kommission systematisch behindert und unmöglich gemacht. Zwar habe der Generalstaatsanwalt in Kiew, so die Experten des Europarats, schon frühzeitig Polizisten der Sondereinheit „Berkut" für die meisten Todesschüsse verantwortlich gemacht, zu deren rechtlichen Verfolgung aber sei es nicht gekommen. Sie würden offensichtlich geschützt, weil sie im Osten des Landes an der Font gegen Separatisten und Russen stünden. Belegt wird diese Einschätzung auch mit Äußerungen von Staatspräsident Petro Poroschenko und Innenminister Arsen Awakow, die schon im August 2014 eine Amnestie für Beamte erwogen hätten, die im Osten kämpften. Eine bemerkenswerte Erkenntnis, die manche überschäumende westliche Maidan-Begeisterung eintrüben könnte. Andererseits fehlt es auch nicht an Meldungen, wonach ehemalige Berkut-Kämpfer auf Seiten der Separatisten im Einsatz waren oder noch sind.

Nach dem von Angela Merkel, François Hollande, Wladimir Putin und Petro Poroschenko im Februar 2015 in Minsk mühsam ausgehandelten Waffenstillstandskompromiss sind die Kämpfe deutlich abgeflaut. Die Bilder der Zerstörung, die es bis dahin Tag für Tag zu sehen gab, machten es Fernsehzuschauern schwer, die Verursacher von Leid und Tod zu erkennen. Niemand, der nicht von den entsetzlichen Bildern berührt und bewegt gewesen wäre. Die eine Seite gibt jeweils der anderen die Schuld. Die Berichterstattung, in vielen Fällen mehr eine Meinungserstattung ohne exakte Faktenunterlegung, neigt bei der Wahl zwischen Gut und Böse dazu, das Böse nahezu ausschließlich auf Seite der Separatisten und der sie unterstützenden Russen zu sehen.

Die Hafenstadt Odessa im Süden der Ukraine, mit einer Million Einwohnern, von denen die meisten Russisch sprechen, wirtschaftlich sowie strategisch gleichermaßen wichtig, wird im Mai 2014 zum Schauplatz einer besonders schauerlichen Bluttat. Als ukrainische und prorussische Demonstranten in der Stadt aufeinandertreffen, kommt es zu Gewalttätigkeiten. Die prorussische Seite muss sich zurückziehen und sucht in einem Gewerkschaftshaus Zuflucht. Die ukrainischen Kämpfer verfallen in einen Rausch der Gewalt, stürmen das Gebäude, setzen es in Brand. Mehr als 40 Menschen sterben qualvoll. Die ukrainische Polizei sieht dem entsetzlichen Geschehen tatenlos zu. *Spiegel Online* schrieb damals zu der Untat: „Verstörend ist die Sprache, die Behörden und Medien angesichts der Katastrophe wählen. Während in Odessa Menschen verbrannten, meldeten ukrainische Medien geradezu triumphierend, ‚Patrioten' hätten die Separatisten ‚zurückgeschlagen'. Man sei dabei, sie erfolgreich auszuräuchern." Der Gouverneur von Odessa, Wladimir Nemirowsky, gab zwar der Polizei die Schuld an dem Vorkommnis. Auf welcher Seite er allerdings wirklich stand, zeigte seine Aussage, um „bewaffnete Terroristen zu neutralisieren", sei das Vorgehen „legal" gewesen. Auch dieser Vorgang verschwand schnell aus den Schlagzeilen, vor allem aus den Medien der Ukraine, hätte er doch das gewohnte Bild von den russischen und prorussischen Kräften als Täter und den Ukrainern als Opfer gestört.

Ein Beispiel für das Messen mit zweierlei Maß: In seinem Bemühen, die Regierungssoldaten, von denen sich viele der Wehrpflicht entziehen und sich ins Ausland absetzen, bei der Stange zu halten, hatte Präsident Poroschenko ein Prämiensystem entwickelt. Die Regierung wolle künftig für jedes zerstörte Fahrzeug des Feindes eine Belohnung von 600 Euro zahlen, für einen Panzer solle es 2400 Euro geben und für ein abgeschossenes Kampfflugzeug 6000 Euro. Man stelle sich vor, die Separatisten wären mit einem solchen schauerlichen finanziellen Leistungsanreiz an die Öffentlichkeit getreten – ein Sturm der Entrüstung über diese moralische und unmenschliche Verkommenheit der Separatisten und ihrer Moskauer Hintermänner wäre losgebrochen. Weil die Ungeheuerlichkeit aus Kiew kam, wurde sie mit aller Nachsicht behandelt und konnte ohne die gebotene Empörung und Verurteilung in der Medienflut des nächsten Tages untergehen. Es blieb bei einigen kurzen Meldungen, dann verschwand das Thema wieder aus der Öffentlichkeit.

Wer Frieden in seinem Land, in seiner Nation will, ist besonders verpflichtet, auf seine Worte zu achten. Er hat bei allem

Recht zur Wahrung der eigenen Interessen und bei allem Respekt für eine solche Haltung auch die Pflicht, Brücken zu bauen und gangbare Wege in eine bessere Zukunft zu suchen. Wer dagegen glaubt, mit dem Aufreißen immer neuer Abgründe ein tödliches Spiel der Worte beginnen zu können, ist von dem Ideal eines verantwortungsbewussten Politikers Lichtjahre entfernt. Die Rede ist von Arsenij Jazenjuk, nach einem trickreichen Rückzug vom Amt und einem dann folgenden Wiederantritt Regierungschef der Ukraine. Wiewohl Jahrgang 1974, hat Jazenjuk ein politischen Leben hinter sich, dessen lange Liste von Wendungen und Ämtern üblicherweise kaum drei Politikerleben füllen würden: schon während seines Studiums Gründer einer Rechtsberatung, dann Aufstieg bei der Aval-Bank, einer der größten ukrainischen Banken, bis zum Stellvertreter des Vorstandsvorsitzenden, Wirtschaftsminister der Autonomen Republik Krim, Vizepräsident und kommissarischer Präsident der Nationalbank der Ukraine, Vizegouverneur der Oblast Odessa, 2005 dann Wirtschaftsminister der Ukraine. 2007 Außenminister, im gleichen Jahr Wahl zum Parlamentspräsidenten. In diesem Jahr leistete er sich in Gesellschaft von Staatspräsident Viktor Juschtschenko und Ministerpräsidentin Julia Timoschenko einen Sondereinsatz der besonderen Art: Alle drei unterschrieben – wobei der Parlamentspräsident keinerlei Kompetenz dazu hatte – einen Brief an die NATO, um bei der anstehenden Gipfelkonferenz in Bukarest den Beitritt der Ukraine zum Bündnis einzuleiten. Es gab Widerstand und Turbulenzen im Parlament, und Jazenjuk verlor 2008 sein Amt. In atemloser Hast stürzte er sich nun in das Geschäft der Parteigründungen, um im Mai 2009, als er das Mindestalter dafür erreicht hatte, für das Amt des Staatspräsidenten zu kandidieren. Die Chancen, die er im Wettbewerb mit Viktor Janukowitsch und Julia Timoschenko für sich sah, erfüllten sich nicht; er kam auf klägliche 6,69 Prozent der Stimmen.

Nach dem Sturz des nach allen demokratischen Regeln gewählten Präsidenten Janukowitsch wurde Jazenjuk Ministerpräsident einer Übergangsregierung. Er ist Vorsitzender der im März 2014 gegründeten Partei namens Volksfront. Als das Parlament im Sommer 2014 ein Gesetz annahm, das amerikanischen und anderen ausländischen Öl- und Gasfirmen das Geschäft in der Ukraine erschwert hätte, trat Jazenjuk mit Aussicht auf baldige und sichere Rückkehr ins Regierungsamt zurück. Mit der Unterstützung von Präsident Poroschenko erhielt er im Parlament die notwendige Mehrheit und nahm wieder auf dem Ministerpräsidentenstuhl Platz. Und er hatte das Gesetz, das er wollte: Die Förderung umfangreicher Gas- und Ölvorkommen, auf die Unternehmen wie Chevron und Shell dringend warten, konnte, flankiert von deutlichen Steuerprivilegien, beginnen.

Arsenij Jazenjuk gilt, wie die *Financial Times* schrieb, als „Favorit der Amerikaner". Seine Aussagen machen in der Tat deutlich, dass er in den Separatisten den grimmigen Feind und nicht ukrainische Mitbürger sieht, dass es ihm nicht um Zusammenführen geht, sondern um Spalten. Im März 2014 drohte er den „separatistischen russischen Rädelsführern": „Wir werden sie alle finden – auch wenn es ein oder zwei Jahre dauert – und sie zur Rechenschaft ziehen und vor internationalen Gerichten anklagen. Der Boden wird brennen unter ihren Füßen." Bei einer solchen Grundhaltung ist klar, dass Jazenjuk jeden Gedanken an eine föderalistische Ordnung, immer wieder als langfristiger Weg aus der Krise im In- wie Ausland erörtert, scharf ablehnt. Mehr Föderalismus sei für ihn, so ließ er in einem Interview mit der *Süddeutschen Zeitung* wissen, „der erste Schritt, um die ukrainische Souveränität zu zerstören".

Abenteuerlich und brandgefährlich wird es, wenn Jazenjuk dem russischen Präsidenten vorwirft, „einen dritten Weltkrieg" anzetteln zu wollen. Die Versuche des Kreml, einen Konflikt in der Ukraine vom Zaun zu brechen, würden zu einer militärischen Auseinandersetzung in Europa führen, sagte er, Moskau wolle sein Land militärisch und politisch besetzen. In einem ZDF-Interview, in dem jede kritische Nachfrage unterblieb, erhielt Jazenjuk im Januar 2015 Gelegenheit, seine kruden Fantasien von einem dritten Weltkrieg auszuleben und zu erläutern:

„Die russische Aggression in der Ukraine, das ist der Angriff auf die Weltordnung und auf die Ordnung in Europa. Wir können uns alle sehr gut auf den sowjetischen Anmarsch auf die Ukraine und nach Deutschland erinnern. Das muss man vermeiden, und keiner hat das Recht, die Ergebnisse des Zweiten Weltkriegs neu zu schreiben. Und das versucht der russische Präsident Herr Putin zu machen." Wer so spricht, setzt sich dem schwerwiegenden Verdacht aus, dass ihm an Verständigung und Frieden nichts, aber an einer Verschärfung der Lage mit allen daraus drohenden Folgen alles gelegen ist.

Bei derartiger Geisteshaltung überrascht es nicht, dass der ukrainische Regierungschef nach der Februar-Konferenz in Minsk, bei der es gelungen war, den Brandherd bei allen bleibenden Risiken einigermaßen einzudämmen, hemmungslos Öl ins Feuer goss. Zum Wiederaufbau des Donbass sei es logisch, so Arsenij Jazenjuk, der Abenteurer im Regierungssessel, „die Frage von Reparationszahlungen seitens Russlands aufzuwerfen".

Noch ehe Jazenjuk in Kiew das Amt des Ministerpräsidenten übernahm, hatte er kaum verhüllt in eigener Sache jenseits des Atlantiks für sich und seine weitere Karriere geworben. „Nach einer Revolution, einem Krieg und zwei Wahlen in nur sechs Monaten wären wir glücklich über einen Supermann in der Regierung", sagte er vor dem hochkarätigen Publikum des Council on Foreign Relations in Washington. Nach den Wahlen, so der Redner aus Kiew, werde der „Supermann" wohl auftauchen. Er tauchte auf und hieß Arsenij Jazenjuk.

Eine Halbinsel als Sonderproblem: Warum die Krim für Russland unaufgebbar ist

Für westliche Ohren klingt es seltsam und fremd, scheint nicht mehr als das Schönreden einer aggressiven und imperialistischen Aktion zu sein. Die Russen aber hören mit anderen Ohren, sie hören mit der oft beschworenen „russischen Seele", wenn ihr Staatspräsident Wladimir Wladimirowitsch Putin zum Jahreswechsel von 2014 auf 2015 davon spricht, dass die Heimkehr der Krim „einer der wichtigsten Meilensteine in der Geschichte" seines Landes sei. „Die Liebe zum eigenen Mutterland", so der im Westen gerne als harter Macho gesehene Putin weiter, „ist eines der mächtigsten und erbaulichsten Gefühle, die sich besonders in der brüderlichen Unterstützung der Menschen auf der Krim gezeigt hat, als diese sich entschlossen, nach Hause zurückzukehren." Wenn Putin dann zum Abschluss dieser Rede einen Neujahrsgruß an den ukrainischen Präsidenten Petro Poroschenko schickt, muss dies zwangsläufig zwiespältig beurteilt werden: Die einen sehen darin eine Verhöhnung der Ukrainer, denen die Krim weggenommen wurde, die anderen eine Geste der Versöhnung.

Europa und Amerika sind sich weitgehend darin einig, dass Moskau mit dem Anschluss der Halbinsel Krim an Russland das Völkerrecht massiv gebrochen habe. Als zugleich besonders eifrige Ankläger und Richter tun sich hier die Vereinigten Staaten von Amerika hervor – vielleicht deshalb, weil Washington im Bruch des Völkerrechts auf eine eigene reiche Praxis zurückblicken kann und sich der Bock gerne zum Gärtner macht. Dass nicht einmal die rechtliche Beurteilung des russischen Vorgehens auf der Krim in einwandfreier Klarheit darzustellen ist, hat Professor Reinhard Merkel, der Strafrecht und Rechtsphilosophie an der Universität Hamburg lehrt, im April 2014 in einem akribischen Beitrag für die *Frankfurter Allgemeine* untersucht. Schon die Fragen, die er zu Beginn seiner Analyse stellt, lassen aufhorchen und ein Abweichen von üblichen Meinungen erwarten: „Hat Russland die Krim annektiert? Nein. Waren das Referendum auf der Krim und deren Abspaltung von der Ukraine völkerrechtswidrig? Nein. Waren sie also rechtens? Nein; sie verstießen gegen die ukrainische Verfassung (aber das ist keine Frage des Völkerrechts). Hätte aber Russland wegen dieser Verfassungswidrigkeit den Beitritt der Krim nicht ablehnen müssen? Nein; die ukrainische Verfassung bindet Russland nicht. War dessen Handeln also völkerrechtsgemäß? Nein; jedenfalls seine militärische Präsenz auf der Krim außerhalb seines Machtgebietes dort war völkerrechtswidrig. Folgt daraus nicht, dass die von dieser Militärpräsenz erst möglich gemachte Abspaltung der Krim null und nichtig war und somit deren nachfolgender Beitritt zu Russland doch nichts anderes als eine maskierte Annexion? Nein."

Die politische und mediale Mehrheitsmeinung im Westen sieht das russische Vorgehen bezüglich der Krim anders, stellt es völkerrechtlich zum Beispiel dem gleich, was Saddam Hussein 1991 in Kuweit getan hat, nämlich fremdes Staatsgebiet militärisch konfisziert und dem eigenen zugeschlagen. Diese Annexion hat dem Urheber damals einen massiven Militärschlag eingebracht. Deshalb, so fragt der Jurist Merkel: „Wäre ein solcher Schlag, von seiner politischen Möglichkeit abgesehen, heute auch gegen Russland gerechtfertigt?" Die Antwort: Gewiss nicht. Schon deshalb ist den regierungsamtlichen Äußerungen von Berlin bis Washington zu misstrauen. Was auf der Krim geschah, war etwas anderes als Annexion, laut Völkerrecht die gewaltsame Aneignung von Land gegen den Willen des Staates, dem es zugehört. Insgesamt trifft der Begriff der Annexion im Zusammenhang mit Russlands Einverleibung der Krim nicht so präzise zu, dass er anzuwenden wäre. Das völkerrechtliche Stigma, das der Westen derzeit dem russischen Vorgehen aufdrückt und mit dem er die eigene Empörung beglaubigt, ist für den Hamburger Professor Propaganda: „Was auf der Krim stattgefunden hat, war etwas anderes: eine Sezession, die Erklärung der staatlichen Unabhängigkeit, bestätigt von einem Referendum, das die Abspaltung von der Ukraine billigte. Ihm folgte der Antrag auf Beitritt zur Russischen Föderation, den Moskau annahm." Sezession, Referendum, Beitritt – auch wenn jeder dieser Schritte völkerrechtswidrig gewesen sein sollte und wenn man die ganze Transaktion aus Rechtsgründen für nichtig halten sollte, wird sie dennoch nicht zur Annexion, zu einer räuberischen Landnahme mittels Gewalt, woraus eine völkerrechtliche Begründung zum Krieg abgeleitet werden könnte.

Kritisch sieht Reinhard Merkel deshalb die amerikanische Interpretation, wonach bereits das Referendum, zu dem die Einwohner der Krim aufgerufen waren, gegen das Völkerrecht verstoßen habe: „Veranstaltet ein Teil der Bevölkerung eines Landes unter seinen Mitgliedern ein Plebiszit, so macht ihn das nicht zum Völkerrechtssubjekt. Normen des allgemeinen Völkerrechts, etwa das Verbot, die territoriale Integrität von Staaten anzutasten, betreffen ihn nicht und können von ihm nicht verletzt werden. Die Feststellung reicht über das Referendum auf der Krim hinaus. Auch die Sezessionserklärung verletzt keine völkerrechtliche Norm. Die landläufige Feststellung, das Völkerrecht habe den Krim-Bewohnern kein Recht zur Sezession gewährt, ist ganz richtig. Falsch ist aber die daraus abgeleitete Position, die Sezession insgesamt sei völkerrechtswidrig gewesen." Die irreführende Wirkung des Urteils gegen Moskau, „auf die sich seine Urheber freilich verlassen können", komme aus einer verfehlten Parallele zum innerstaatlichen Recht, das außerhalb seiner konkreten Verbote stets ein prinzipielles Freiheitsrecht gewährleistet: „Es erlaubt, was es nicht ausdrücklich untersagt. Deshalb bedeutet in seiner Sphäre die Feststellung, jemand habe ohne Erlaubnis gehandelt, stets zugleich auch das Verdikt, dieses Handeln sei rechtswidrig gewesen. Die Logik eines solchen Entweder-oder gilt im Völkerrecht nicht."

Das Völkerrecht kennt Formen kollektiven Handelns, zu denen es sich neutral verhält, und die Sezession ist ein exemplarischer Fall dafür. Ein allgemeines Verbot einer Sezession ginge ins Leere, da dessen mögliche Adressaten dem Völkerrecht nicht unterworfen sind. Der erfahrene Jurist weist deshalb die in Brüssel und Washington herrschende Sprachregelung – kein Recht der Krim auf Sezession, das Referendum ein Bruch des Völkerrechts, der Beitritt zu Russland eine Annexion – als falsch zurück. Ausführlich geht der Hamburger Jurist auf die russische Militärpräsenz auf der Krim ein, fragt, ob die Anwesenheit russischer Truppen nicht die ganze Abstimmung zur Farce, zu einem Produkt einer Drohung mit Gewalt gemacht habe. In einem solchen Fall wäre in der Tat von einer Annexion zu sprechen. Aber, so Merkel: „Die Zwangswirkung der russischen Militärpräsenz bezog sich weder auf die Erklärung der Unabhängigkeit noch auf das nachfolgende Referendum. Sie sicherte die Möglichkeit des Stattfindens dieser Ereignisse, auf deren Ausgang nahm und hatte sie keinen Einfluss. Adressaten der Gewaltandrohung waren nicht die Bürger oder das Parlament der Krim, sondern die Soldaten der ukrainischen Armee. Was so verhindert wurde, war ein Eingreifen des Zentralstaates zur Unterbindung der Sezession. Das ist der Grund, warum die russischen Streitkräfte die ukrainischen Kasernen blockiert und nicht etwa die Abstimmungslokale überwacht haben. Natürlich wusste Putin, dass die von ihm gewünschten Resultate sicher waren und keiner erzwungenen Fälschung bedurften. Ob er anderenfalls sogar dazu bereit gewesen wäre, steht nicht zur Debatte. Bei aller Empörung über das russische Vorgehen ist auch hierzulande nicht ernsthaft bezweifelt worden, dass im Ergebnis des Referendums der authentische Wille einer großen Mehrheit der Krim-Bevölkerung zum Ausdruck kam.“

Gleichwohl hält Reinhard Merkel die russische Militärpräsenz auf der Krim für völkerrechtswidrig. Sie habe, auch wenn sie einen blutigen Einsatz von Waffengewalt verhindert haben mag, gegen das zwischenstaatliche Interventionsverbot verstoßen. Noch eine weitere Völkerrechtsverletzung sieht Merkel: „Sowenig das allgemeine Völkerrecht Sezessionen verbietet, weil es deren Urheber nicht verpflichten kann, so unzweideutig verlangt es von den anderen Staaten die dadurch geschaffene

Lage nicht oder jedenfalls nicht vor deren politischer Konsolidierung anzuerkennen." Hier hat Moskau zu schnell gehandelt, hat zwei Tage nach der Abstimmung auf der Krim das Abkommen zum Beitritt der Halbinsel zu Russland unterzeichnet. Putin und das russische Parlament hätten dadurch, so die juristische Analyse, den völkerrechtlichen Anspruch der Ukraine auf die Achtung ihrer territorialen Integrität verletzt. Der Westen kann zu Recht empört sein und zum Mittel der Sanktionen greifen.

Allerdings zeigt sich hier wieder eine erstaunliche Doppelmoral, die von westlicher Seite nach Belieben zum Einsatz kommt. Am 17. Februar 2008 erklärte die provisorische Zivilverwaltung im Kosovo ihre Unabhängigkeit vom serbischen Zentralstaat, wodurch sie gegen Völkerrecht verstieß, nämlich gegen die Resolution 1244 des Sicherheitsrats der Vereinten Nationen, in der die Unverletzlichkeit der serbischen Grenzen garantiert worden war. Europa und die USA enthielten sich nicht nur jeder Empörung – drei Tage nach dieser Sezession haben England, Frankreich und die USA, drei Tage später auch die Bundesrepublik Deutschland den Kosovo als unabhängigen Staat anerkannt.

Auch das seien, so Professor Reinhard Merkel, überhastete Akte der Anerkennung und damit völkerrechtswidrige Eingriffe in den Anspruch Serbiens auf Achtung seiner territorialen Integrität gewesen. Damals hat Russland den Westen kritisiert, in Sachen Krim kritisierte der Westen Russland. Das Fazit des Juristen: „Dass dabei die Rollen verteilt sind, mag man als kühle Ironie einer Weltgeschichte verbuchen, die noch immer den Maximen der politischen Macht weit eher folgt als den Normen des Völkerrechts. Das ist bedauerlich, aber vorderhand nicht zu ändern. Und das wäre vielleicht ein Grund, die völkerrechtliche Kirche im politischen Dorf zu lassen und immerhin rhetorisch ein wenig abzurüsten. Russland hat völkerrechtswidrig gehandelt, in mäßig dramatischem Modus und politisch keineswegs wie ein hasardierender Gangster. Der nun entstandene Zustand war für die Krim langfristig wohl ohnehin unumgänglich. Und die Form, in der er nun herbeigeführt wurde, mag bei all ihrer Unerfreulichkeit gravierendere Konflikte vermieden haben. Annexionen zwischen Staaten sind dagegen typischerweise Kriegsgründe."

Das russische Vorgehen auf der Krim kann rechtlich heftig diskutiert und auch verurteilt werden. Hält man sich jedoch die russische Sicht der Dinge vor Augen, in der die Politik der Ukraine seit dem Ende des sowjetischen Reiches eine herausragende Rolle spielen musste, hatte das Thema Krim eine Entwicklung genommen, die bei der russischen Führung Alarm auslösen musste. Unbekümmert um russische Sorgen und Befindlichkeiten, setzte die Politik in Kiew das Streben nach Mitgliedschaft in EU und NATO an die Spitze ihres politischen Programms. Immer wieder wurde dieses Ziel artikuliert, wurden entsprechende Wünsche und Forderungen an EU und NATO gerichtet. Je wohlwollender diese Abkehr von Moskau in den westlichen Metropolen diskutiert wurde, umso bedrohlicher entwickelte sich bei Putin und der gesamten russischen Führung ein Szenario, das schlechterdings nicht hinnehmbar gewesen wäre – mit Blick auf die Ukraine im Allgemeinen und mit Blick auf die Krim im Besonderen. Hätte man sich im Westen zum einen die Bedeutung der Halbinsel im Schwarzen Meer vor Augen geführt und zum anderen die militärische Rolle der Krim als Standort der russischen Schwarzmeerflotte für Moskau gesehen und erkannt, durch eindeutige Klarstellungen aus Brüssel und Washington wäre die Übernahme der Krim nicht nur mutmaßlich zu verhindern gewesen. Die Vorstellung Moskaus, das sich seit dem Ende der Sowjetunion und seit der Ausdehnung der EU und der NATO von einer gefährlichen Einkreisung bedroht sieht, hätte mit dem Übergang der Krim in die wirtschaftliche und militärische Kontrolle des Westens noch eine dramatische Steigerung erfahren.

Die Krim ist, schon wegen ihrer wechselhaften und blutigen Geschichte, im historischen Selbstverständnis Russlands keine Region wie jede andere. Der Gedanke, dass eine russische Führung, ob von Putin oder wem auch immer dominiert, die

Halbinsel preisgeben und irgend einer als Gegenseite empfundenen Macht überlassen könnte, verrät eine im Westen Europas und in den USA weit verbreite Unfähigkeit, historische Wirklichkeiten zu sehen und die richtigen Schlüsse daraus zu ziehen.

Seit Zarin Katharina II. im Jahre 1772 ihre Herrschaft angetreten hatte, war ihre Politik auf die Arrondierung von Randgebieten des Reichs gerichtet, die von verschiedensten Völkern bewohnt waren. Wie kein anderer Herrscher vor ihr erweiterte sie dabei das russische Reich, ein Erfolg, der ihr den Beinamen „die Große" einbrachte. Die Ukraine stand ebenso als Ziel auf der Agenda der zaristischen Politik wie im Besonderen die Krim. Nach zwei russisch-türkischen Kriegen kam es 1774 zu einem Friedensschluss mit dem Osmanischen Reich, wonach eine verstärkte Besiedelung der Südukraine begann. 1783 wurde die Krim, bis dahin von Krim-Tataren als osmanischer Vasallenstaat bewohnt und beherrscht, russisch – „von nun an und für allezeit", wie die Zarin formulierte. 1792 musste Konstantinopel endgültig und offiziell die Abtretung der Krim an Russland bestätigen. Eine Reise der Zarin auf die russisch gewordene Halbinsel, in Begleitung des römisch-deutschen Kaisers Joseph II., besiegelte die Inbesitznahme dieser landschaftlich schönen und landwirtschaftlich reichen, knapp 27 000 Quadratkilometer großen Region. In späteren Jahrzehnten wurde die Krim, auch wegen ihres angenehmen Klimas, zur „Riviera des Ostens". Die Zaren und russische Adlige errichteten sich Schlösser und Sommersitze. Die Rolle der Krim als Urlaubs- und Erholungsregion begann früh und setzte sich von der Zarenzeit bis ins sowjetische Zeitalter fort, als die Halbinsel ihre Funktion als das größte Ferienrefugium der Sowjetunion mit zehn Millionen Gästen jährlich übernahm. Auch für Reisende aus Europa wurde die Krim beliebtes Ziel. Schon nach wenigen Jahren hatte die zaristische Herrschaft ihre beeindruckenden Spuren hinterlassen. So war Cherson, mit großen Bauten ausgestattet, als eindrucksvolle Handels- und Hafenstadt entstanden. „Die Anstrengungen des Fürsten Potjomkin haben diese Gegend, wo vor dem Frieden mit der Türkei nicht eine einzige

Hütte stand, zu einem blühenden Land gemacht und eine Stadt erschaffen, die mit jedem Jahr reicher werden wird", schrieb die Zarin in einem Brief. Noch gesteigert wurde diese emotionale Annäherung der russischen Herrscherin an ihren neuen Besitz bei Besichtigung des Hafens und der Stadt Sewastopol. Sie zog eine Miniatur des Zaren Peter des Großen hervor, die sie bei Reisen stets bei sich führte, und stellte Fürst Charles Joseph de Ligne, der als österreichischer General und Diplomat seinen Kaiser begleitete, die rhetorische Frage: „Was würde er sagen und was tun, wenn er hier wäre?" Von diesem Augenblick an musste klar sein, dass Russland – ob im Zarenreich, ob im System der UdSSR oder in der Russischen Föderation – niemals auf Einfluss und Herrschaft über die Krim würde verzichten können. Konkret: Weder Wladimir Putin noch irgend ein Nachfolger hätte untätig zuschauen können, wenn die Krim dem russischen Machtbereich entschwunden und in die Einflusssphäre von EU und NATO geraten wäre.

Ein dramatisches historisches Ereignis des 19. Jahrhunderts schmiedete die Krim endgültig an die Seite Russlands, machte die Halbinsel im Empfinden und Denken der Russen zu einem untrennbaren Bestandteil von Vaterland und Heimat. Der Krim-Krieg der Jahre 1853 bis 1856, im Westen Europas längst dem geschichtlichen Vergessen anheim gefallen, hat sich schmerzhaft und unvergessen in das russische Gedächtnis eingebrannt. Insgesamt war dieser Krieg im Bewusstsein der Menschen in Europa der Krieg des 19. Jahrhunderts schlechthin. Er war für die Vorstellung von Krieg in dieser Zeit ebenso bestimmend wie dies im 20. Jahrhundert der Erste und der Zweite Weltkrieg waren. In diesem Krieg, nach den napoleonischen Kriegen der blutigste des 19. Jahrhunderts, gerieten die kämpfenden Staaten in ähnlicher Weise gegeneinander, wie dies mit Bezug auf den sechzig Jahre später ausgebrochenen Ersten Weltkrieg Christopher Clark in seinem aufsehenerregenden Buch „Die Schlafwandler. Wie Europa in den Ersten Weltkrieg zog" beschrieben hat. Schon die geographische Entfernung des Ausgangspunkts dieses Krieges von der Krim, Palästina, und der vorgeschützte Anlass, der Streit darüber, ob Russland alleiniger Schirmherr der heiligen Stätten der Christenheit sein dürfe, zeichnen einen bizarren Hintergrund. Andauernde Auseinandersetzung zwischen Russland und der Türkei in den Donaufürstentümern lieferten die anschwellenden kriegerischen Begleitgeräusche. Zar Nikolaus I. war schon früher in die Kritik der englischen und französischen Politik und Presse geraten, weil russische Truppen dem österreichischen Kaiser Franz Joseph I. halfen, 1848 den ungarischen Aufstand niederzuschlagen. Russland war seither in Paris und London – bei gleichzeitiger gespielter Wertschätzung für die Türkei, obwohl längst „der kranke Mann am Bosporus" – das Reich des Reaktionären und Bösen.

Nach Scharmützeln an den fließenden und ständig umstrittenen Grenzen zwischen Russland und dem Osmanischen Reich erklärte der Zar der Türkei am 16. Oktober 1853 den Krieg. Verspätete und zaghafte Vermittlungsversuche scheiterten. Am 27. und 28. März 1854 traten Frankreich und England in den Krieg gegen Russland ein. In Frankreich hoffte Kaiser Napoleon III., mit einem Sieg an die große soldatische und strategische Tradition seines Onkels Napoleon I. anknüpfen und damit seine innenpolitische Position festigen zu können. In England, wo, auch für ganz Europa erstmalig, die Zeitungen die öffentliche Meinung stark beeinflussten und die Kriegsstimmung gegen Russland anheizten, fanden die mahnenden und auf Frieden drängenden Kräfte in Kabinett und Unterhaus kein Gehör mehr. Während des schon massiv im Gang befindlichen Krieges schloss sich im Januar 1855 auch noch das Königreich Sardinien der antirussischen Kriegskoalition an. Ministerpräsident Camille de Cavour wollte damit für sein Land Ansehen und die Unterstützung Frankreichs gewinnen, um als Konsequenz die italienische Einigungsbewegung voranzubringen. Österreich positionierte sich in einer zweifelhaften Neutralität zu Lasten Russlands. Schon durch das Gewicht der beteiligten Großmächte trifft der Name Krim-Krieg auf diese gewaltige militärische Auseinandersetzung nur begrenzt zu. Auch von der Zahl der

Beteiligten, Betroffenen und Toten geht die Namensgebung dieses großen Sterbens nach einer kleinen Halbinsel im Schwarzen Meer irgendwie an der Wirklichkeit vorbei.

Der Krim-Krieg war ein „moderner" Krieg – modern durch die Transportmöglichkeiten mit großen und schnellen Schiffen, mit neuen Waffen, großen Geschützen und, auf Seiten der Alliierten, schnell feuernden Gewehren, mit einer raschen Nachrichtenübermittlung auf telegraphischem Weg, mit prompter aktueller Berichterstattung, mit der neuen Technik der Fotografie. Zum ersten Mal geriet in diesem Krieg auch die bis dahin kaum oder gar nicht vorhandene Betreuung und Versorgung der Opfer in den Blick einer entsetzten Öffentlichkeit. Die Engländerin Florence Nightingale kam mit dem von ihr betriebenen und organisierten Einsatz von Krankenschwestern zu Weltruhm. Auf russischer Seite setzte der Arzt Nicolai Pirogow neue und bis dahin unbekannte Maßstäbe bei der Behandlung von Verwundeten.

Die Schlacht um die Krim, die sich vor allem die Alliierten als eine kurze und exotische Expedition vorgestellt hatten, begann am 14. September 1854 mit der Landung der verbündeten Engländer und Franzosen in der Bucht von Jewpatorija. Nach einer Woche mussten die Russen am Fluss Alma die erste Niederlage hinnehmen. Im Oktober kam es dann zur Schlacht von Balaklawa, berühmt und zum britischen Mythos geworden durch den „Todesritt der Leichten Brigade". Bei der Attacke dieser 673 Mann starken und von Thomas Brudenell Lord Cardigan geführten Einheit starben durch russisches Geschützfeuer in nur zwanzig Minuten 156 Soldaten, 122 wurden verwundet. Alfred Lord Tennyson hat den Überlebenden und Gefallenen dieses Angriffs, der nur ein kleiner Ausschnitt aus einem langen und opferreichen Krieg war, mit seinem Gedicht „Charge of the Light Brigade" ein in Großbritannien immer noch geläufiges literarisches Denkmal gesetzt.

Am Tag nach der Schlacht von Balaklawa kam es zur nicht weniger bekannt gewordene Schlacht um Inkerman. Mehrere Tage tobten hier die Kämpfe, das Schlachtenglück wogte hin und her. Zum Ende verteidigten 8000 Briten ihre Stellung gegen 30 000 Russen mit größter Erbitterung. Nach dem Eingreifen französischer Fremdenlegionäre und Zuaven mussten sich die Russen zurückziehen. In dieser Schlacht wie während der ganzen Kriegsjahre machte sich die waffentechnische Überlegenheit der Angreifer aus dem Westen bemerkbar. Während die russischen Soldaten noch das aus dem 17. Jahrhundert stammende Steinschlossgewehr verwendeten, das gerade einmal auf eine Schussweite von 150 bis 225 Metern kam, hatte die gegnerische Infanterie zumeist schon das 1852 entwickelte moderne Perkussionsgewehr (Enfield Rifled Musket) vom Typ Minie mit einer Reichweite von 800 bis 900 Metern zur Verfügung.

Höhepunkt – Tiefpunkt mit Blick auf die Zahl der Opfer und das Leid und Elend auch der Zivilbevölkerung – wurde die Belagerung von Sewastopol. Hatte man auf alliierter Seite zunächst an einen Einsatz von überschaubarer Dauer gedacht, entwickelte sich der Kampf um die wichtige russische Hafenstadt zu einem fast einjährigen Unternehmen. Kriegshistoriker sprechen von einem Vorgriff auf den Stellungskrieg um Verdun im Ersten Weltkrieg. Auf beiden Seiten fielen die kommandierenden und verantwortlichen Generäle nach und nach durch Tod, Verwundung oder Ablösung aus. Ihr Ende erreichte die Belagerung von Sewastopol mit der Eroberung der Festung Malakow. Beschossen von 775 britischen und französischen Kanonen und angegriffen von drei französischen und zwei britischen Divisionen mussten die russischen Verteidiger aufgeben und ganz Sewastopol räumen. Da die Festung Malakow den ganzen Schwarzmeerhafen sicherte, sprengten die Russen die Festung und zogen sich zurück.

Nach dem Tod seines Vaters Nikolaus I. entschloss sich Zar Alexander II. im November 1855, Frieden zu schließen. Am 30. März 1856 kam es im Dritten Pariser Frieden – geschlossen von Russland auf der einen, dem Osmanischen Reich, Großbritannien, Frankreich und Sardinien auf der anderen Seite und unter Teilnahme der nicht Krieg führenden Staaten Preußen und Österreich – zum Ende des Krieges. Die Erklärung der Integrität der Türkei war ein wichtiger Punkt des Friedensschlusses, wie auch die Bestimmung, dass das Schwarze Meer zu einem neutralen Gebiet erklärt und die Schifffahrt auf der Donau freigegeben wurde. Russland musste sich aus den Donaumündungen zurückziehen und einen Teil Bessarabiens dem Fürstentum Moldau überlassen.

Der Sinn des Krim-Kriegs war, wie jener fast aller Kriege, kaum oder gar nicht zu begründen. Wesentlich für Russland war nicht der hinnehmbare Verlust einiger Gebiete, der für die Stellung und Macht des Riesenreichs sowie für seine geographische Ausdehnung keine tieferen Auswirkungen gehabt hätte. Was aber blieb und schmerzte, war die Erinnerung an einen Überfall aus dem Westen Europas, den man mit großer Tapferkeit und noch größeren Opfern und der Niederlage im Wesentlichen abgewehrt hatte. Und es blieb, schon angesichts der Zahl der russischen Opfer, der große Symbolwert der Halbinsel Krim für die russische Geschichte und für das russische Bewusstsein. Leo Tolstoi, damals noch nicht der große Dichter, sondern junger Offizier in einem schaurigen Krieg, der auch die Schwächen der russischen Armee hinsichtlich Ausrüstung, Führung und Kommandopersonal sah, ist mit seinen Schilderungen aus dem Krim-Krieg berühmt geworden. Er schrieb auch von den in Russland weiterwirkenden Erfahrungen dieses Kampfes: „Wie groß ist doch die moralische Stärke des russischen Volkes. Viele politische Wahrheiten werden in diesen für Russland so wichtigen Tagen sichtbar und nehmen deutliche Formen an. Die glühende Vaterlandsliebe, die mit Russlands Unglück aufflammte und alle ergriff, wird ihre Spuren für lange Zeit hinterlassen. Die heute bereit sind, ihr Leben zu opfern, werden Russlands Bürger sein und ihre Opfer nicht vergessen. Mit Würde und Stolz werden sie an gesellschaftlichen Angelegenheiten teilhaben, und die durch den Krieg geweckte Begeisterung wird sie für alle Zeiten zu opferbereiten und edel denkenden Menschen machen."

Bei der Feststellung der Zahl der Opfer gehen die Meinungen und Schätzungen der verschiedenen Seiten und auch der

Geschichtsschreibung auseinander. Der britische Historiker Orlando Figes kommt in seinem aktuellen Werk „Krimkrieg. Der letzte Kreuzzug" zu erschreckenden Ergebnissen. Er berechnet die Zahl der in der Schlacht oder durch Seuchen und Krankheiten getöteten Soldaten auf eine Dreiviertelmillion. Zwei Drittel davon waren Russen. Daneben sollen, neben den Toten anderer Völker, noch 100 000 Franzosen und 20 000 Briten gefallen sein. Die Zahl der Kriegstoten von der Krim sollte damit nicht abgeschlossen sein. Die zweite Schlacht um die Krim und um Sewastopol folgte zu Beginn der vierziger Jahre des 20. Jahrhunderts. Die gleichen Städtenamen wie in den fünfziger Jahren des 19. Jahrhunderts rückten wieder in den Blickpunkt des öffentlichen Interesses.

Im Herbst 1941 erreichte die 11. Armee der Deutschen Wehrmacht unter General der Infanterie Erich von Manstein die Halbinsel Krim. Die ersten deutschen Angriffe auf Sewastopol schlug die Rote Armee zurück, 15 000 Einwohner der Stadt meldeten sich zur Landwehr. Am 11. November kam es zu einem neuen Angriff auf Sewastopol, er ging – ein bekannter Name aus dem Krim-Krieg – in Richtung Balaklawa. Am 17. Dezember begann die Belagerung von Sewastopol, die wegen einer für Weihnachten angesetzten sowjetischen Gegenoffensive auf Kertsch abgebrochen werden musste. Im Juni 1942 kam es zum zweiten massiven deutschen Versuch zur Eroberung Sewastopols. Die gesamten Kräfte der 11. Armee mit siebeneinhalb Divisionen und die 3. rumänische Armee mit eineinhalb Divisionen eröffneten mit massiver Unterstützung der Luftwaffe den Angriff. Am 30. Juni drangen deutsche Truppen in die Stadt ein, am nächsten Tag zogen sich die sowjetischen Truppen zurück, am 4. Juli war die Eroberung der Krim beendet. Wie Sewastopol nach der Schlacht aussah, schilderte der Korrespondent der *Neuen Zürcher Zeitung*: „Die Stadt Sewastopol selbst, die an der Reede prachtvoll gelegen ist, bietet das Bild trostloser Verwüstung. Sie muss von Grund auf neu gebaut werden. Es steht kein Haus mehr, das bewohnbar wäre. Die Häuser sind entweder ausgebrannt oder nur noch Trümmerhaufen."

Mehr als 10 000 sowjetische Soldaten waren im Kampf gefallen, knapp 100 000 gerieten in deutsche Gefangenschaft. Zur Verwirklichung von Hitlers großmannssüchtigen Plänen für die Krim kam es dennoch nicht – das nationalsozialistische Regime wollte in seiner unsäglichen Rassenideologie im Rückgriff auf eine sehr ferne Vergangenheit und auf so genannte „Krim-Goten" auf der Halbinsel einen „Gotengau" errichten, Südtiroler sollten angesiedelt werden. Diese Hirngespinste verflogen mit der deutschen Niederlage auch auf der Krim.

Nach dem Ersten Weltkrieg und den folgenden Wirren, Kämpfen und Bürgerkriegen setzte sich in der Ukraine und damit auch auf der Krim die sowjetische Herrschaft durch. Unter der Führung Leo Trotzkis kämpfte die Rote Armee alle Widerstände nieder. Die Ukrainische Sozialistische Sowjetrepublik wurde offiziell Teil der neu gegründeten Union der Sozialistischen Sowjetrepubliken. Die Krim war dabei, bis es 1954 zu einer überraschenden, wenn auch von der Öffentlichkeit in Russland und der Ukraine kaum zur Kenntnis genommenen Änderung kam. Nikita Chruschtschow, viele Jahre lang Führer der Kommunistischen Partei in der Ukraine, überraschte 1954, als er als Nachfolger Stalins Generalsekretär der KPdSU und damit mächtigster Mann der Sowjetunion wurde, mit der Übertragung der Autonomen Republik Krim an die Ukraine. Der sich aus dem geschichtlichen Kalender ergebende offizielle Anlass war das 300-jährige Jubiläum des Vertrags von Perejaslaw, in dem sich der von Polen bedrohte ukrainische Kosakenstaat einst dem Schutz des russischen Zaren unterstellt hatte. Ob dies Chruschtschows wirklicher Beweggrund war, wird heftig diskutiert und hinterfragt. Sein Sohn Sergej Chruschtschow sieht bei der Krim-Überlassung an die Ukraine durch seinen Vater keinerlei politische, moralische oder ethnische Motive, sondern rein ökonomische Überlegungen. Zur damaligen Zeit seien Schifffahrtskanäle von der Wolga zur Krim und ins Donezk-Becken geplant gewesen, die bei Zuständigkeit nur einer Sowjetrepublik, der ukrainischen, leichter zu bauen gewesen wären. Vor allem sei es aber für Nikita Chruschtschow, so der

Sohn, undenkbar gewesen, dass je zwischen Russland und der Ukraine eine Staatsgrenze verlaufen könnte. Bei dieser Sicht war es für den Sowjetführer 1954 und auch für seine Nachfolger unerheblich, ob die Krim zur russischen oder ukrainischen Sowjetrepublik gehörte, sie gehörte zur Sowjetunion.

Von ganz anderen und spontanen Motiven für Chruschtschows Entscheidung berichtete die Oxforder Historikerin Gwendolyn Sasse in ihrem Buch über die Krim-Frage. Ihre Forschungsergebnisse sind einem sehr persönlichen Motiv des Cholerikers Chruschtschow auf die Spur gekommen. 1944, noch während des Kriegs, hatte Stalin von seinem ukrainischen Statthalter Chruschtschow 100 000 Ukrainer verlangt, die beim Aufbau der zerstörten russischen Sowjetrepublik helfen sollten. Chruschtschow war empört über diese Forderung. „Die Ukraine ist zerstört, und nun werden wir auch noch ausgenommen", klagte er und stellte die Frage, wie es wäre, wenn er dafür für die Ukraine die Krim bekäme. Seine Antwort: „Die Leute stelle ich, doch die Krim kriege ich, egal wie." Zehn Jahre später wurde diese Ankündigung wahr. Chruschtschow, in Südrussland geboren und in der Ukraine aufgewachsen, hatte seine besondere Liebe zur Ukraine in die Tat umgesetzt. Vielleicht war dies auch auf ein Ereignis zurückzuführen, von dem Chruschtschows Schwiegersohn Alexei Adschubei berichtet hat. Nach Stalins Tod habe er seinen Schwiegervater oftmals auf dessen Reisen begleitet; nach einem Besuch auf der Krim sei Chruschtschow erschüttert gewesen von den katastrophalen Kriegszerstörungen und vom Leid und den Klagen der Menschen.

Wer in Kiew nach der Angliederung der Halbinsel durch Chruschtschow eine starke Ukrainisierung erwartet hatte, wurde enttäuscht. Entsprechende Versuche durch die Übersiedlung von Ukrainern und durch die bewusste Förderung der ukrainischen Sprache brachten nicht die gewünschten Ergebnisse. Die Bevölkerung der Krim – 2,53 Millionen Menschen – blieb bis zu der umstrittenen Abstimmung am 17. März 2013, die mit großer Mehrheit für die Selbständigkeit und dann für den Anschluss an Russland ausfiel, mit einer ebenso klaren Mehrheit russisch. Auch die vielen Millionen Russen, die in langen Jahrzehnten ihren Urlaub auf der Halbinsel zu verbringen pflegten, haben diese enge Bindung zu Russland zu einer Selbstverständlichkeit werden lassen. Vor allem aber hat die Tatsache, dass die Krim stets der Standort der Schwarzmeerflotte war – zunächst des Zarenreichs, dann der Sowjetunion und dann der russischen Föderation –, die dominierende russische Prägung der Region geschaffen und erhalten. Auch seit der Unabhängigkeit der Ukraine wurde in langfristigen Vereinbarungen und Verträgen mit Moskau die russische Hoheit über die Schwarzmeerflotte bestätigt und festgeschrieben.

Die Tradition der russischen Marine im Schwarzen Meer, beginnend mit der Asow-Flottille, geht bis auf Zar Peter den Großen zurück, der 1695 einen Zugang zum Schwarzen Meer erkämpft hatte. Nach den von der Zarin, Katharina die Große, gewonnenen russisch-türkischen Kriegen von 1768 bis 1774 begann der russische Schiffbau am Schwarzen Meer, eine Flotte entstand. Im 18. und 19. Jahrhundert waren russische Schiffe in einer Reihe von Kriegen im Einsatz, vor allem gegen die türkische und die französische Marine. Als Napoleon I. 1798 Ägypten erobert hatte, operierten russische und türkische Schiffe gemeinsam gegen die Franzosen. Die russische Flotte war im Schwarzmeerhafen Nikolajew stationiert, wo auch die russische Admiralität ein Jahrhundert lang, bis 1898, ihren Sitz hatte – in jenem Nikolajew, dem letzten Ort, in dem sich die Deutsche Wehrmacht im Zweiten Weltkrieg bis 1944 behaupten konnte, und in dem dann ein großes Lager für deutsche Kriegsgefangene eingerichtet wurde.

Zum Kern der russischen Erinnerung an die Krim wurden Stadt und Hafen Sewastopol. Kämpfte zu Beginn des KrimKriegs die russische Flotte noch mit Erfolg gegen türkische und französische Schiffe, wurde sie beim bald einjährigen Kampf um Sewastopol auf die Rolle von Küstenbatterien zurückgedrängt. Um die Einfahrt zum Hafen für Engländer und Franzosen zu sperren, kam es zur Selbstversenkung der russischen

Flotte. In den Jahren nach dem Ende des Krim-Kriegs im Jahr 1856 wurden neue Schiffe gebaut, die bis zur russischen Oktoberrevolution unter der Zarenfahne und dann unter dem roten Banner der Bolschewiki fuhren. Um die russische Flotte in der Endzeit des Ersten Weltkriegs und dann in der Periode des russischen Bürgerkriegs nicht Konterrevolutionären oder ausländischen Truppen in die Hände fallen zu lassen, gab Lenin am 18. Juni 1918 den Befehl zur Selbstversenkung. Sewastopol wiederholte sich trotz dramatisch veränderter politischer Kennzeichen.

Nach dem Bürgerkrieg begann Moskau mit dem Aufbau einer neuen und modernen Schwarzmeerflotte. Während des Kriegs selbst versenkte Schiffe wurden gehoben und repariert. Im Zweiten Weltkrieg spielte die sowjetische Flotte im Kampf gegen Deutschland und seine Verbündeten eine wichtige Rolle. Nach Kriegsende wurde die Schwarzmeerflotte zu operativ-strategischen Verbänden aufgerüstet. Ihr Einsatzgebiet war nicht nur das Schwarze Meer, sondern auch das Mittelmeer. Jahrzehntelang blieb die Schwarzmeerflotte die unumstrittene Flotte der Sowjetunion.

Der Streit um die Flotte begann, als die Ukraine selbständig wurde und als eigener Staat der Russischen Föderation gegenüberstand. Im Sommer 1992 kam nach schwierigen Verhandlungen ein Kompromiss zustande, dem man von Anfang an seine Brüchigkeit ansah: Der russische Präsident Boris Jelzin und sein ukrainischer Kollege Leonid Krawtschuk einigten sich dahingehend, dass beide Staaten für eine Übergangszeit bis 1995 gemeinsam das Oberkommando über die in Frage stehenden 380 Schiffe und Boote übernehmen sollten. Schon im September 1993, ehe also die vereinbarte Zeit abgelaufen war, wurde dieses Übereinkommen geändert. Kiew stimmte jetzt dem Verkauf von 50 Prozent des ukrainischen Anteils an der Schwarzmeerflotte an Moskau zu. Für den Flottenstützpunkt Sewastopol wurde ein langfristiger Pachtvertrag geschlossen. Die Krim, die Schwarzmeerflotte und Sewastopol blieben aber ständiger Streitpunkt zwischen den beiden Staaten. In einem Abkommen vom April 1994 wurde der Zugriff der Russischen Föderation auf die Schwarzmeerflotte wieder erweitert. Der Ukraine blieben danach kaum mehr als 60 Schiffe und noch nicht fertiggestellte Schiffsrümpfe. Der größte Teil dieser Einheiten war in schlechtem Zustand und nicht seetüchtig. In einem 1995 in Sotschi geschlossenen Vertrag wurde der ukrainische Anteil an der Flotte noch einmal verkleinert; jetzt blieben Kiew nur noch 18,3 Prozent der Schiffe. Sewastopol war der bestimmende russische Marinestützpunkt, die militärische Infrastruktur der Krim kam unter russische Verantwortung. Mit einem 1997 abermals von Jelzin und dem neuen ukrainischen Präsidenten Leonid Kutschma geschlossenem und am 12. Juli 1999 in Kraft getretenen Abkommen wurde die russische Dominanz über die Schwarzmeerflotte erneut ausgeweitet und bestätigt. Das vertragliche Hin und Her ging auch weiter, als in der Ukraine die „Orange Revolution" begann und die politischen Verhältnisse immer schwieriger und unübersichtlicher wurden. Im April 2010 kamen der russische Präsident Dimitri Medwedew und der ukrainische Staatschef Viktor Janukowitsch überein, die Abkommen um weitere 25 Jahre dahingehend zu verlängern, dass die russische Schwarzmeerflotte bis 2042 auf der Krim stationiert bleiben werde.

Im Februar 2014 nahm die Krim-Krise ihren Anfang. Am 22. März 2014 erklärte sich die zur Ukraine gehörende autonome Republik für unabhängig und ersuchte anschließend um die Aufnahme in die Russische Föderation – ein Wunsch, dem die Duma in Moskau selbstverständlich gerne zustimmte. Das russische Verteidigungsministerium übernahm bereits am 22. März offiziell die militärische Kontrolle über die Krim. 147 militärische Einrichtungen kamen unter russische Kontrolle, von den insgesamt 67 Schiffen der ukrainischen Seestreitkräfte wurde ein Teil an die Ukraine zurückgegeben, der Rest vollständig übernommen.

Die Krim hat für das Schwarze Meer und als Heimat der Schwarzmeerflotte eine entscheidende und beherrschende strategische Bedeutung und Position. Die Halbinsel ragt weit ins

Meer hinein und bildet damit ein Sprungbrett in Richtung Süden, hin zum Mittelmeer und zum Nahen Osten. Zusätzliches wirtschaftliches und militärisches Gewicht gewinnt die Krim als Standort der Werftindustrie. Klaus Mommsen, Experte für internationale Marine-Themen und einschlägiger Buchautor, sagt: „Es ist der einzige Hafen, der wirklich die gesamte russische Schwarzmeerflotte aufnehmen kann, ihr Schutz und die entsprechende Logistik bietet. Es gibt für die Russen noch keinen Ersatz. Es wird zwar an einem anderen Standort – Novorossiysk nördlich von Sotschi – gebaut, aber er wird nur einen Teil der Flotte aufnehmen können. Hinzu kommt, dass Novorossiysk zu klein ist und keine schützenden Buchten hat. Schiffe, die dort anlegen, werden bei ungünstigem Wind durch die anschlagenden Wellen beschädigt. Das ist in Sewastopol mit seinen vielen Buchten anders."

Die Wichtigkeit der Krim und der auf ihr stationierten Schwarzmeerflotte liegt auf der Hand. Bei einer unabhängigen Ukraine und bei entsprechenden langfristigen und gesicherten Vertragssituationen hätte sich die Russische Föderation vielleicht mit der Lage abfinden können. Als aber das Drängen der Ukraine in die EU und dann auch in die NATO begann, und als es aus der Atlantischen Allianz heraus durchaus Stimmen gab, die für ein solche Mitgliedschaft nicht nur Sympathie, sondern eifrige Zustimmung bekundeten, mussten in Moskau die Alarmglocken läuten. Die NATO dort, wo auf der Krim seit Jahrhunderten die russische Flotte lag und wo deshalb ein Herzstück russischer Verteidigungspolitik und russischen Sicherheitsdenkens verankert war und ist? Es kam, vom Westen scharf kritisiert, als völkerrechtswidrig eingestuft und als nicht hinnehmbar dargestellt, die Sezession der Autonomen Republik Krim, es kam das Referendum der mehrheitlich russischen Bevölkerung mit einem klaren Ja zum Anschluss an Russland, es kam zum Antrag um Aufnahme in die Russische Föderation und es kam zu dessen Annahme durch das russische Parlament.

Offensichtlich unvereinbare Standpunkte in Moskau auf der einen und in Europa und in den USA auf der anderen Seite stehen sich gegenüber. Eine Frage sollte freilich auch gestellt werden: Wie würden die USA in Fragen ihrer eigenen Sicherheit reagieren, wenn in ihrem Vorhof und an strategisch empfindlichsten Stellen die Russische Föderation das Kommando übernehmen würde? Die Kuba-Krise von 1962 und die Absicht der Sowjetunion, auf der Insel Fidel Castros in gefährlicher Weise militärisch Fuß zu fassen, haben gezeigt, dass Washington nicht in gelasssener Untätigkeit verharren würde. Es kam von Washington zu massiven Drohungen, die Angst vor einem großen Krieg ging um, ehe Moskau einlenkte.

Ein zweites Beispiel: Auf der Karibikinsel Grenada, zum britischen Commonwealth gehörend, hatte sich in den siebziger und Anfang der achtziger Jahre eine politische Lage entwikkelt, die den Vereinigten Staaten nicht gefallen konnte. Ministerpräsident Maurice Bishop, 1979 durch eine gewaltfreie Revolution an die Macht gekommen, setzte Sozialreformen durch und schreckte auch vor Enteignungen nicht zurück. Mit Behauptungen, wonach Moskau und Havanna die Herrschaft über die Insel übernehmen wollten, wurde in den USA Stimmung gemacht. Das US-Verteidigungsministerium setzte nie bewiesene Meldungen in die Welt, wonach es massive sowjetische Waffenlieferungen auf die Insel gegeben habe. Der im Bau befindliche Flughafen Point Salines solle zu einem Militärstützpunkt Kubas und der Sowjetunion ausgebaut werden, verbreitete Washington. Dass Kanada, Mexiko und eine Reihe von europäischen Staaten an diesem Flughafenbau beteiligt waren, wurde verdrängt. Als Grenadas Regierungschef Bishop nach einem vergeblichen Versuch, die Vorwürfe der USA aufzuklären und zu widerlegen, von einer Reise nach Washington zurückkehrte, kam es zu einem gewaltsamen Umsturz und Bishop wurde getötet.

Die amerikanische Invasion, offensichtlich seit langem geplant, hielt das nicht auf. Am 25. Oktober 1983 landeten Truppen der USA und einiger an dem Angriff beteiligter karibischer Staaten auf Grenada. 7000 amerikanischen Soldaten und 300 Mann der karibischen Verbündeten standen 1200 Angehörige der Streitkräfte Grenadas und eine kleine Zahl von Angehörigen anderer Nationen gegenüber: 784 Kubaner, davon 636 von ihnen Bauarbeiter, 49 Sowjetbürger, 24 Nordkoreaner, 14 Bulgaren, 16 DDR-Bürger und 3 oder 4 Libyer. Der Kampf um Grenada war nach wenigen Tagen mit dem vollständigen amerikanischen Sieg entschieden. 19 US-Soldaten fielen im Kampf, auf der Seite Grenadas waren es insgesamt 70. Mitte Dezember zogen die amerikanischen Truppen ab, der von Königin Elizabeth II. zum Generalgouverneur von Grenada ernannte Paul Scoon übernahm sein Amt.

Die Empörung über diese amerikanische Gewaltaktion war riesig. Großbritanniens Premierministerin Margaret Thatcher ließ den US-Präsidenten Ronald Reagan wissen: „Grenada war Teil des britischen Commonwealth, und die Vereinigten Staaten hatten sich nicht in dessen Angelegenheiten einzumischen." Diese Aktion sei der Eingriff eines westlichen Landes in die inneren Angelegenheiten einer kleinen, unabhängigen Nation mit kriegerischen Mitteln – egal wie unbeliebt das Regime auch sei.

Nach kurzer öffentlicher Aufregung war die absolut völkerrechtswidrige Attacke der USA auf die kleine Insel vergessen. Die Vereinten Nationen (UN) verabschiedeten schon am 28. Oktober 1983 mit großer Mehrheit eine Resolution, in der die amerikanische Invasion als eine schwere Verletzung des internationalen Rechts verurteilt und das tiefe Bedauern der UN ausgedrückt wurde. Die USA und ihr Präsident Reagan zeigten sich davon unbeeindruckt. Die Amerikaner standen mit riesiger Mehrheit hinter ihrem Präsidenten, weil er entschlossen eine Bedrohung der Heimat abgewehrt hatte. Die Weltpolitik ging zur Tagesordnung über.

Vergleicht man das politische Geschehen um die karibische Insel Grenada mit dem um die russische Halbinsel Krim, könnte das Messen mit zweierlei Maß nicht krasser ins Auge springen. Die amerikanische Tat in ihrer unbestreitbaren Völkerrechtswidrigkeit war schnell vergessen, die Sezession der Krim durch eine Mehrheitsentscheidung ihrer Bewohner und dem dann folgenden Beitritt zur Russischen Föderation wird dagegen zu einem Völkerrechtsverbrechen höchsten Grades hochstilisiert. Und die USA, die allen Anlass hätten, in dieser und in ähnlichen Fragen vor der eigenen Tür zu kehren, geben sich in Sachen Krim als der schärfste globale Chefankläger. Übrigens: Von Sanktionen gegen die USA, wie sie heute von Washington und von einigen europäischen Staaten mit ständig verschärftem Tempo und über das Ausmaß der bisherigen Sanktionspraxis hinaus gegen die Russische Föderation gefordert werden, war damals keine Rede.

Nach der historischen Wende:
Der Westen ohne Gespür für Russland

Wer dabei war, wird diesen geschichtsträchtigen Tag für Deutschland, den 31. August 1994, nicht vergessen. Im Treptower Park in Berlin, vor dem 1949 zur Erinnerung an die im Kampf um die Reichshauptstadt gefallenen Soldaten der Roten Armee errichteten sowjetischen Ehrenmal, verabschiedeten sich die letzten Angehörigen der „Gruppe der Sowjetischen Streitkräfte in Deutschland". Vertreter der Bundesregierung bei dieser Parade war Bundesfinanzminister Theo Waigel. Ihm hatte zum Abschluss der sowjetischen Militärpräsenz auf deutschem Boden der Oberkommandierende, General Matwei Burlakow, die Schlüssel zum ehemaligen Hauptquartier der sowjetischen Armee in Karlshorst übergeben. In Karlshorst war in der Nacht vom 8. zum 9. Mai 1945 die bedingungslose Kapitulation des Deutschen Reiches unterschrieben worden.

Waigel war es, der die Kosten dieses Abzugs mit Moskau auszustreiten hatte. In langen und zähen Verhandlungen mit der russischen Seite hatte er eine erstaunliche Regelung erreicht – bemerkenswert günstig für die deutsche und im Umkehrschluss und bei genauerem Hinsehen weniger erfreulich für die russische Seite. Ganze zwölf Milliarden Mark, nicht Euro, hatte die Bundesrepublik Deutschland an Russland dafür zu zahlen, dass auch nicht ein russischer Soldat in Deutschland verblieb. Ein zusätzlicher Kredit über drei Milliarden Mark wurde prompt und fristgerecht von Russland zurückgezahlt. So zogen an diesem Tag die letzten Einheiten einer zu diesem Zeitpunkt noch 338 000 Mann starken sowjetischen Armee mit all ihren Waffen von deutschem Boden ab: 4116 Kampfpanzer, 10 225 gepanzerte Fahrzeuge, 691 Flugzeuge, 683 Hubschrauber, 3778 Artilleriegeschütze, 92 000 Kraftfahrzeuge und Kettenmaschinen, 2 Millionen Tonnen Material und 677 000 Tonnen Munition standen im Verzeichnis der mitgenommenen Waffen und des dazu gehörigen Geräts. Die atomaren Waffen der Sowjetunion waren schon früher von deutschem Boden abtransportiert worden. Zu den Soldaten kamen noch 45 000 Zivilbeschäftigte und 164 000 Familienangehörige. Ohne dass ein Schuss gefallen wäre und ohne dass es auch nur ein menschliches Opfer gegeben hätte, hielt sich Moskau an den am 12. Oktober 1990 mit der Bundesregierung geschlossenen Vertrag, wonach der an diesem Tag vereinbarte Abzug 1994 abgeschlossen sein müsse. So konnte sich Deutschland über das Ereignis hinaus auch darüber freuen, so billig davon gekommen zu sein.

Waigel erinnert in diesem Zusammenhang gerne daran, dass diese Kosten geringer waren als die durch abenteuerliche Fehlspekulationen herbeigeführten Verlusten mancher deutscher Landesbank. Auf Moskauer Seite sah man im Nachhinein die Kostenfrage anders. Man machte sich Vorwürfe, den Rückzug für die Deutschen viel zu günstig gestaltet zu haben. Waigel musste sich von sowjetischen Politikern vorwerfen lassen, zu hart verhandelt zu haben. Michail Gorbatschow titulierte ihn bei einer Begegnung Jahre später noch immer als „Geizkragen".

Dass dieser militärische Abschied vor dem Treptower Ehrenmal stattfand, musste vor allem für die sowjetischen Militärs einen tiefen politischen und psychologischen Einschnitt bedeuten. War doch dieses Ehrenmal, aus 33 Entwürfen ausgewählt und 1949 errichtet, nicht nur eine sowjetische Gedenkstätte – von denen es in Berlin insgesamt drei gibt – und nicht nur „Zeuge der Größe und der unüberwindlichen Kraft der Sowjetunion"; hier hatten auch 7000 der insgesamt 80 000 im Kampf um Berlin gefallenen sowjetischen Soldaten ihre letzte Ruhestätte gefunden. Die hochragende Gestalt eines Soldaten mit einem Kind auf dem Arm, die das Herz der Gesamtanlage ist, hatte nach Angaben des Bildhauers Jewgeni Wutschetitsch rein symbolische Bedeutung und sollte keine konkreten Personen darstellen. Dennoch fand in der DDR die Erzählung vom 1921 geborenen und 2001 gestorbenen Sergeanten Nikolai Iwanowitsch Massalow, der am 30. April 1945 beim Sturm auf die Reichskanzlei ein kleines Mädchen in der Nähe der

Potsdamer Brücke in Sicherheit gebracht habe, weite Verbreitung. Ihn wollte man in der Statue auf den Treptower Ehrenmal erkennen.

Mit Blick auf die kriegerische und opferreiche Vergangenheit der deutsch-russischen Geschichte hätte also eingedenk seines Erinnerungswerts und seiner emotionalen Stärke kein besserer Ort für diese russische Abschiedsparade gewählt werden können als der Treptower Park. Seinen zu Herzen gehenden Höhepunkt erfuhr die stramm militärisch organisierte Szene, als Tausende von russischen Soldaten, zunächst in russischer, dann in deutscher Sprache, ein Lied anstimmten, das nicht nur in der Erinnerung jener einen festen Platz hat, die an diesem Tag dabei waren. Der Text dieses Liedes gehört untrennbar und fest zum geschichtlichen Geschehen rund um die Wiedergewinnung der deutschen Einheit. Auch wenn das Versmaß des von Oberst Gennadi Luschetzki auf Deutsch getexteten Liedes gelegentlich hinkt, seine Aussage bewegt und berührt: „Deutschland, wir reichen dir die Hand/ und kehr'n zurück ins Vaterland./ Die Heimat ist empfangsbereit./ Wir bleiben Freunde allezeit!/ Auf Frieden, Freundschaft und Vertrauen/ sollten wir unsere Zukunft bauen./ Die Pflicht erfüllt! Lebwohl, Berlin!/ Unsere Herzen heimwärts zieh'n." Als am Abend des 31. August 2004 ein russischer Soldatenchor im Rahmen eines Festakts im Schauspielhaus auf dem Gendarmenmarkt im Herzen Berlins in Anwesenheit von Präsident Boris Jelzin und Bundeskanzler Helmut Kohl noch einmal dieses Lied anstimmte, schien jener von Frieden und Freundschaft geprägte Zustand der deutsch-russischen Beziehungen nahe, von dem einst Franz Josef Strauß und Michail Gorbatschow bei ihrer denkwürdigen Begegnung in Moskau gesprochen hatten.

Dass der Schlüssel zur deutschen Wiedervereinigung in Moskau lag, war über Jahre tiefe Überzeugung im Denken der Deutschen und in den Überlegungen der deutschen und weitgehend auch der westlichen Politik. Als sich das Fenster der Gelegenheit auftat und als, mit dem viel und in vielen Variationen zitierten Wort Otto von Bismarcks, der Mantel der Geschichte wehte, erwies sich diese lange gepflegte Einschätzung nur als bedingt richtig. In den Vereinigten Staaten hatte Deutschland in Präsident George H. W. Bush, Bush Vater, einen verlässlichen und entschlossenen Freund. Als Michail Gorbatschow mit seiner neuen Politik auch das Tor zur deutschen Einheit öffnete, tat sich heftiger Widerstand von anderer Seite auf. Frankreich und England, von den Deutschen stets als treue Verbündete angesehen, stellten sich mit erstaunlicher Hartnäckigkeit quer. Sie liebten, wie es damals hieß, Deutschland so sehr, dass sie am liebsten zwei davon hätten. Konservative und Sozialisten im Westen stimmten hier nahtlos überein. So wollte noch am 8. Juli 1990 Großbritanniens Premierministerin Margaret Thatcher den russischen Präsidenten Gorbatschow von dessen Kurs zur Einheit Deutschlands abbringen, als sie äußerte: „Was die Vereinigung Deutschlands angeht, so hege ich in dieser Hinsicht bestimmte Befürchtungen und habe diese mit Präsident Mitterrand geteilt. Allerdings besteht der Unterschied darin, dass ich diese Befürchtungen öffentlich ausspreche, Mitterrand aber nicht. Ganz Europa verfolgt diesen Prozess nicht ohne eine gewisse Furcht und erinnert sich gut daran, wer beide Weltkriege begonnen hat." Der französische Staatspräsident François Mitterrand dachte deckungsgleich: „Auf dem Weg zur Vereinigung Deutschlands habe ich in dieser Hinsicht keinen besonderen Enthusiasmus an den Tag gelegt. Ich habe mich damals mit Margaret Thatcher beraten. Ihre Überlegungen gingen in die gleiche Richtung wie meine."

Angesichts dieser Haltung zweier wichtiger westlicher Verbündeter der Bundesrepublik Deutschland wiegt die Haltung von Michail Gorbatschow umso schwerer, weil seine Entscheidung für die Einheit Deutschlands für ihn von erheblichen innenpolitischen Risiken und Widerständen und auch von persönlichen Gefahren begleitet war. Am 13. März 2012 wurde Gorbatschow in München mit dem Franz Josef Strauß-Preis der Hanns-Seidel-Stiftung ausgezeichnet. Die Laudatio hielt Theo Waigel. Darin hieß es an Gorbatschow gewandt: „Sinnvolles Handeln bestand für Sie in einem positiven Verhältnis zur Wirklichkeit, die den Rahmen des Handelns abgibt. Es war die Bejahung einer Wirklichkeit, der man durch Veränderungen zu Hilfe kommt. Sie haben dies mit einer humanistischen Gelassenheit getan, die auch ein mögliches Scheitern akzeptiert, weil Sie sich der Sinnhaftigkeit dieses Handelns bewusst waren. Das alles Entscheidende, was auch künftige Generationen über Präsident Gorbatschow wissen werden und wofür sie ihm danken: Sie, Herr Präsident Gorbatschow, haben entschieden, dass die Soldaten und die Panzer in den Kasernen bleiben und auf den Straßen und Plätzen in Deutschland nicht geschossen wird."

Dankbarkeit ist keine politische Kategorie. Dennoch verwundert es, wie schnell Michail Gorbatschow, zumindest im überwiegenden Teil der Politik und der Medien, in Deutschland an Beliebtheit eingebüßt hat. Gorbatschow sprach in Berlin zum 25. Jahrestag des Mauerfalls in einer Weise über den russisch-ukrainischen Konflikt, die herrschender Einheitsmeinung in Deutschland klar widerspricht. Seine Haltung zu diesem Streit hätte besondere Aufmerksamkeit verdient, weil er eben nicht zu den Lobrednern Putins gehört und sich von der offiziellen russischen Politik immer wieder Kritik als angeblicher Zerstörer der Sowjetunion gefallen lassen muss. So hätte man wenigstens damit rechnen können, dass ernsthaft auf die Worte und Meinungen des Mannes gehört wird, dem Deutschland seine Einheit zu verdanken hat. „Die Welt ist an der Schwelle zu einem neuen Kalten Krieg", warnte Gorbatschow, und manche sagten, er habe schon begonnen. Aus Sicht des ehemaligen sowjetischen Staatspräsidenten hat der Westen seine Zusagen nach der Wende von 1989 nicht eingehalten und sich stattdessen zum Sieger im Kalten Krieg erklärt. Westliche Politiker seien, so Gorbatschow, in Euphorie geraten, Triumphalismus sei ihnen zu Kopfe gestiegen. Schon in den neunziger Jahren des vorigen Jahrhunderts habe man begonnen, das Vertrauen Russlands zu untergraben.

Wenn man sich vor Augen führt, was sich auf der politischen Landkarte Europas seit der Wende vollzogen hat, können und dürfen russische Ängste und Sorgen, auch wenn sie dem Westen manchmal eher emotional als rational erscheinen, nicht einfach beiseite geschoben werden. Erinnert man sich der Verhandlungen, die es um die Wiedervereinigung Deutschlands gab, wird der Unterschied zwischen dem damals Verhandelten und dem mittlerweile Eingetretenen besonders augenfällig. So gab es das Modell, dass nach der Wiedervereinigung das Gebiet der ehemaligen DDR nicht Stationierungsgebiet für die NATO sein sollte – längst ist das ganze Deutschland Mitglied der Atlantischen Allianz. Auch Polen gehört inzwischen zur NATO, ebenso Tschechien, die Slowakei, Slowenien, Ungarn, Bulgarien, Rumänien und die drei selbständig gewordenen baltischen Staaten Litauen, Lettland und Estland. Sogar Kroatien und Albanien sind seit 2009 Mitglieder der Atlantischen Allianz. Und jetzt will die Ukraine in die Europäische Union und in die NATO zugleich. Als weitere Beispiele seiner Beschwerdeliste nennt Gorbatschow die Entwicklung auf dem Balkan, vor allem die – nicht nur aus seiner Sicht – völkerrechtswidrige Abtrennung des Kosovo von Serbien. Gorbatschow beklagt auch die Pläne zum Bau eines Raketenabwehrschilds, den Russland als nur gegen sich gerichtet empfindet. Die amerikanische Begründung, es ginge bei diesem Vorhaben um den Schutz vor iranischen Raketen, kann Moskau nur als Verhöhnung verstehen. Ebenso beklagt Gorbatschow die Politik der USA bei den Kriegen im Irak, in Libyen und in Syrien. Alles in allem sieht der Mann, den die Deutschen einst aus gutem Grund nicht hoch genug schätzen konnten, das Vertrauen Russlands missbraucht und enttäuscht. Auch wenn man Gorbatschow nicht in allem zustimmen muss, so sollten doch seine besonnene und mahnende Stimme gehört und seine Aussagen in Berlin ernsthaft erörtert werden. Mit einseitiger Parteinahme für die Ukraine und gegen Russland wird man der Wirklichkeit nicht gerecht, vor allem stellt man unter Beweis, dass man sich der Beschäftigung mit dem Denken und der Sicht der anderen Seite verweigert.

Übrigens: Als Wladimir Putin 2010 gefragt wurde, ob er anders als Gorbatschow gehandelt hätte, antworte er: „Hinterher ist man immer klüger." Und er fuhr fort: „Was ich anders gemacht hätte, werde ich nicht sagen. Es ist geschehen, was geschehen musste. Das größte Plus dieses ganzen Prozesses damals: Eine neue Qualität in unseren Beziehungen mit Deutschland hat sich entwickelt, ein Gefühl des Vertrauens und der Dankbarkeit. Das ist ein Grundstein in unserem bilateralen Verhältnis, auf dem heute unsere Zusammenarbeit aufbaut." Es wäre verfehlt, wollte man heute nur einer Seite, der russischen, die Schuld an dem aktuellen dramatischen Konflikt zumessen. Auch die Politik des wiedervereinigten Deutschlands, das seine zurecht als Jahrhundertereignis gefeierte Einheit ganz wesentlich Moskau zu verdanken hat, sollte einen Prozess der Selbstprüfung und des Nachdenkens darüber einleiten, wie man zu einer Lösung des Ukraine-Konflikts beitragen könnte.

Die Hand, die Moskau an jenem 31. August 1994 Deutschland und damit Europa überhaupt reichen wollte, sah man von russischer Seite aus nicht angemessen angenommen. Die Ausdehnung der NATO – obwohl der 1955 gegründete Warschauer Pakt, über Jahrzehnte hin das von der Sowjetunion dominierte Militärbündnis des Ostblocks, 1991 aufgelöst worden war – weckte Misstrauen und Sorge in Moskau. Das zentrale Gegenargument des Westens, dass doch die neuen Mitglieder sich in freier und eigener Entscheidung der westlichen Allianz angeschlossen hätten, vermochte die Bedenken der russischen Seite nicht zu zerstreuen. Man fühlte sich als der große Verlierer behandelt, obwohl es doch die Sowjetunion gewesen war, die im Großen Vaterländischen Krieg Nazi-Deutschland entscheidend niedergekämpft und Jahrzehnte später mit dem Totalabzug seiner Truppen aus einem Teil Deutschlands, der DDR, seinen Friedenswillen in überzeugender Weise zum Ausdruck gebracht hatte. Die russische Führung hatte auf Gleichberechtigung mit dem Westen gehofft, mit einer Politik auf Augenhöhe gerechnet. Jetzt sah sie sich enttäuscht. Russland, das mit erheblichen eigenen Problemen, vor allem wirtschaftlicher Art zu kämpfen hatte, wurde jetzt auch außenpolitisch und militärpolitisch auf die Verliererbank gedrängt.

Dennoch hielt Moskau still. Die Lage änderte sich erst mit der Entwicklung in der Ukraine. Dieses große und wichtige europäische Land bot nach dem Gewinn seiner Selbständigkeit – die Souveränitätserklärung durch den Obersten Sowjet der Ukrainischen SSR erfolgte am 16. Juli 1990, am 24. August 1991 (wenige Tage nach dem Putsch gegen Gorbatschow) verabschiedete das ukrainische Parlament die Unabhängigkeitserklärung und beschloss ein Referendum über die Unabhängigkeit des Landes – ein Bild der Krisen und der Instabilität. Das Ausmaß der gigantischen Herausforderungen, welche die neue Ukraine zu bewältigen hatte, fasst Professor Andreas Kappeler eindrucksvoll zusammen: „Nach dem Zusammenbruch der Sowjetunion stand die unabhängige Ukraine zu Beginn der 90er Jahre vor der Aufgabe, die Transformation zu einer neuen Ordnung nach dem Vorbild des Westens zu vollziehen. An die Stelle der sieben Jahrzehnte währenden autoritären Parteidiktatur sollten parlamentarische Demokratie und Rechtsstaat treten. Die zentral geleitete Planwirtschaft sollte durch marktwirtschaftliche Prinzipien abgelöst werden. Dabei standen die politische und die ökonomische Transformation in enger Wechselwirkung. Der junge Staat stand weiter vor der Aufgabe, die Grenzen seines Territoriums zu sichern und die einzelnen Regionen mit ihrer polyethnischen Bevölkerung zu einem Staatsvolk, einer politischen Nation, zu integrieren. Schließlich musste der junge ukrainische Staat das Verhältnis zu seinen Nachbarn, besonders Russland, zur Europäischen Union und zu den Vereinigten Staaten regeln."

Der demokratische Aufbruch des Landes verlief holprig, war von Dauerkämpfen in den Reihen der neuen Parteien und ihrer Führer gekennzeichnet. Ein Hin und Her in der Besetzung der politischen Führungsämter führte zu großer Enttäuschung in der Bevölkerung. Staatspräsident Viktor Juschtschenko wurde 2004 Opfer eines Anschlags, als ihm mit Dioxin vergiftetes Essen vorgesetzt wurde. Obwohl ihm dies – er musste nach Wien zu ärztlicher Behandlung – große Popularität einbrachte, unterlag er bei der im November 2004 nach einem ersten

Wahlgang notwendig gewordenen Stichwahl seinem Gegenkandidaten Viktor Janukowitsch, allerdings nur dank massiver Wahlfälschungen. Es kam zu einer Massenbewegung, zu Demonstrationen, deren Teilnehmerzahl von 500 000 bis zu einer Million Menschen geschätzt und deren Bild von der Jugend bestimmt wurde. Die Macht der „Orangen Revolution" hatte ihren Höhepunkt erreicht. Die Stichwahl musste wiederholt werden, Juschtschenko setzte sich durch. Stabilität aber kam immer noch nicht ins Land. Zwischen dem Präsidenten und seiner Regierungschefin Julia Timoschenko kam es zu Spannungen, an denen im Hintergrund der heutige Staatspräsident Petro Poroschenko maßgeblich beteiligt war. In den folgenden Jahren verspielten die Reformer massiv an Zustimmung, sie verloren in großem Ausmaß Vertrauen in der Bevölkerung.

Bei der Präsidentenwahl des Jahres 2010 setzt sich dann Viktor Janukowitsch durch, der Mann der alten Garde und des alten Stils. Obwohl sich unter seiner Führung die zuvor stark abgekühlten Beziehungen zu Moskau schlagartig verbessern, will die Ukraine auch unter seiner Führung nach Europa. Die erste Auslandsreise von Janukowitsch führt nach Brüssel, er bleibt bei dem Ziel einer EU-Mitgliedschaft. Aber ein wesentlich anderer Ton kommt hinzu: Er spricht von einer „multivektoralen" Außenpolitik Kiews, davon, dass die Ukraine ein eigenständiger geopolitischer Raum sei, eine „ zukünftige Brücke zwischen Ost und West, als integraler Teil Europas und gleichzeitig der ehemaligen UdSSR". Janukowitsch will die Ukraine als blockfreien Staat, eine klare Absage an das Streben seines Vorgängers nach einer Mitgliedschaft in der NATO.

Janukowitsch bewegte sich, so Umfragen in den Jahren 2012 und 2013, im Gleichklang mit der Mehrheitsmeinung der Ukrainer, als er sich eine Mitgliedschaft seines Landes in der EU, beginnend mit einem Assoziierungsabkommen, ebenso zum Ziel setzte wie die Mitgliedschaft in einer Zollunion aus Russland, Kasachstan und Weißrussland. Auch der von Moskau betriebene Eurasische Wirtschaftsrat bildete für Kiew eine Perspektive. Den Verantwortlichen in Brüssel passte diese

Offenheit der ukrainischen Politik nach beiden Seiten nicht. Der damalige EU-Kommissionspräsident José Manuel Barroso ließ wissen, dass es eine Integration der Ukraine in die Zollunion mit Russland, Kasachstan und Weißrussland gleichzeitig mit einer Aufnahme in die Freihandelszone der EU nicht geben könne. Dennoch stand die Unterzeichnung des Assoziierungsabkommens mit der Ukraine auf der Tagesordnung des EU-Gipfels vom 28. und 29. November 2013 in Vilnius.

Im Vorfeld dieses Termins war Russland nicht untätig geblieben. Mit wirtschaftlichen Drohungen und Lockungen wurde versucht, Kiew von diesem Schritt abzuhalten. Janukowitsch unternahm den Versuch, es beiden Seiten recht zu machen. Einerseits erklärte er noch in seiner Festrede zum ukrainischen Unabhängigkeitstag am 24. August 2013, dass das Assoziierungsabkommen ein wichtiger Schritt sei, dass aber gleichzeitig die ökonomische Integration mit Russland und den eurasischen Staaten fortgesetzt werden solle. Noch am 20. November hatte Ministerpräsident Mykola Asarov verkündet, dass auf dem Gipfel in Vilnius alles nach Plan laufen werde.

Am Tag danach kam alles anders. Vor die Wahl gestellt, sich nach Brüssel oder nach Moskau zu orientieren, wie es auch die EU-Kommission wollte, entschied sich Kiew unter dem Druck russischer Wirtschaftssanktionen und Hilfsangebote für die Umkehr auf dem Weg nach Europa. Die ukrainische Regierung erklärte ihre Entscheidung mit der Notwendigkeit, „das zurückgegangene Produktionsvolumen und die Ausrichtung der Handels- und Wirtschaftsbeziehungen auf Russland und die anderen Mitglieder der Gemeinschaft Unabhängiger Staaten wiederherzustellen". Der Hauptgrund für die Komplikationen in den Beziehungen mit Russland und für die Einführung von Schutzmaßnahmen seitens Russlands war, so die Erklärung der Regierung, „die mögliche Schaffung eines Freihandelsregimes zwischen der Ukraine und der Europäischen Union". Weil die Regierung Azarov trotz dieses ausschließlich aus wirtschaftlichen Gründen beschlossenen „taktischen Rückzugs" einen Ausweg suchte, schlug sie „eine trilaterale Kommission aus

Vertretern der Ukraine, Russlands und der EU vor, um die gegenwärtigen Probleme zu lösen. Trotz dieser Ankündigung reiste Janukowitsch zur EU-Gipfelkonferenz nach Vilnius, unterzeichnete aber, wie angekündigt, das Assoziierungsabkommen nicht. Den aus Kiew gekommenen Vorschlag zu gemeinsamen Gesprächen der EU mit der Ukraine und mit Russland hatte die Europäische Union schon vorher strikt abgelehnt. Angesichts der seither eingetretenen Entwicklungen bis hin zu kriegerischen und bürgerkriegsähnlichen Auseinandersetzungen in der Ostukraine muss man fragen, warum diese Möglichkeit eines Gesprächs nicht genutzt worden ist.

Auf jeden Fall begann noch am Tag des Neins von Präsident Janukowitsch in Vilnius der Aufstand auf dem Unabhängigkeitsplatz in Kiew, der als Euro-Maidan weltweit bekannt wurde. Aus Tausenden wurden Zehntausende, aus Zehntausenden Hunderttausende von Demonstranten. Deren Zielrichtung änderte sich: Aus einer Bewegung für den Beitritt ihres Landes zur EU wurde ein Kampf für den Sturz der Regierung und des Präsidenten. Während sich ganze Reisegruppen westlicher Politiker auf den Weg machten, die Demonstranten zu unterstützen – vom damaligen deutschen Außenminister Guido Westerwelle bis zu Catherine Ashton, der EU-Repräsentantin für Außenpolitik –, verurteilte Russland deren „ungesetzliche Aktionen", protestierte gegen die „Einmischung westlicher Politiker". Der Protest auf dem Maidan wurde zum Alltag, aus friedlicher Demonstration Kampf. Es kam zu Gewalttätigkeiten auf beiden Seiten, Sicherheitskräfte stürmten den Platz und das Gewerkschaftshaus, Hauptquartier des Protests, Demonstranten wiederum griffen, mit Steinen, Molotow-Cocktails und Feuerwerkskörpern bewaffnet, Polizeistationen und Büros an und blockierten den Zugang zum Parlament. Am 19. Februar 2014 kamen 25 Menschen ums Leben, unter ihnen neun Polizisten. Janukowitsch entschuldigte sich für die Anwendung von Gewalt durch Regierungskräfte. Am Tag danach unternahmen Einheiten des Innenministeriums eine „antiterroristische Aktion", Angehörige des Sicherheitsdienstes SBU wurden mobilisiert, Scharfschützen des Berkut, einer dem Innenministerium unterstellten Spezialeinheit der Miliz, postiert. Mehr als 100 Menschen kamen zu Tode, unter ihnen 13 Polizisten. Obwohl die Frage, wer diese Todesschüsse abgefeuert hatte, keineswegs endgültig geklärt wurde, werden sie im Westen durchgehend dem Janukowitsch-Regime angelastet. Es gab auch Meldungen, dass sich unter den Streitern auf dem Maidan rechtsradikale Gruppen tummelten, die Moskau, sicherlich übertrieben, den Vorwand für seine Behauptung lieferten, faschistische Kräfte seien dort am Werk gewesen.

Am 21. Februar 2014 gab es noch einmal einen Versuch, zu einer friedlichen Beilegung einer immer unkontrollierbarer werdenden Krise zu kommen. Die Außenminister Deutschlands und Polens, Frank-Walter Steinmeier und Radosław Sikorski, trafen mit den drei Oppositionsführern Arsenij Jazenjuk, Wladimir Klitschko und Oleh Tjahnybok eine Vereinbarung zur Einstellung jeder Gewalt, zur Einrichtung einer Koalitionsregierung und zu Präsidentschaftswahlen bis Dezember 2014. Dieser Schritt kam zu spät. Am gleichen Tag setzte das Parlament Präsident Janukowitsch ab, der, mit einem Zwischenstopp in der Ostukraine, nach Moskau flüchtete, weil er sich wohl nicht ohne Grund seines Lebens nicht mehr sicher glaubte.

Während sich die westlichen Putin-Kritiker nicht genug darin tun können, an jeden Schritt des russischen Präsidenten die Elle höchster Rechtsstaatlichkeit anzulegen, schloss man vor dem Bruch der Rechtsstaatlichkeit, der bei der Absetzung von Janukowitsch ohne jeden Zweifel geschah, geflissentlich die Augen. Noch am Tag des Rechtsbruchs erkannte die EU die Amtsenthebung an, die nach ukrainischer Verfassungs- und Gesetzeslage nur auf dem Wege eines langwierigen Amtsenthebungsverfahrens möglich gewesen wäre. Moskau lehnte diese Entscheidung des Parlaments in Kiew als rechtswidrig ab.

An diesem 21. Februar 2014 begann die innere Spaltung der Ukraine, die dann in den Krieg im Osten des Landes mündete, in Donezk und Luhansk und anderswo. Die Revolution auf dem Maidan, am ersten Jahrestag im Februar 2015 unter großer Teilnahme europäischer Staatsmänner, darunter auch Bundespräsident Joachim Gauck, festlich gefeiert, fand keineswegs bei allen Ukrainern jene einhellige Billigung, die Politik und Medien des Westens gern behaupten. Es war dabei nicht nur die politische Klasse, die in der Ost- und Südukraine die Ereignisse und Ergebnisse der Maidan-Revolution und die gesetzwidrige Vertreibung von Präsident Janukowitsch ablehnte. Auch an Gegendemonstrationen zum Geschehen in Kiew mit bis zu 150 000 Teilnehmern fehlte es nicht. Die überwiegende Mehrheit der Menschen im Süden und Osten des Landes missbilligte die Unruhen in der Hauptstadt und gingen zu den nun dort herrschenden Kräften auf Distanz. Wie Umfragen zeigten, hatte die überwiegende Mehrheit der Menschen im Süden und Osten der Ukraine den Euro-Maidan von Anfang an abgelehnt.

Zorn und Empörung wuchsen zusätzlich, als mit einem der ersten Beschlüsse der neuen Mehrheit im Parlament – zwei Tag nach der Vertreibung von Janukowitsch aus dem Amt – das seit 2012 geltende Sprachgesetz aufgehoben wurde, in dem den Regionalsprachen, vor allem dem Russischen, mehr Rechte eingeräumt worden waren. Auch wenn angesichts eines Sturms der Entrüstung dieses Gesetz, das der starke russische Bevölkerungsanteil im Land nur als gegen sich gerichtet empfinden konnte, nicht in Kraft gesetzt wurde, blieben das Misstrauen und die starke Ablehnung gegen die neue Zentralregierung in Kiew. Dabei macht der russisch sprechende Anteil der Bürger der Ukraine immerhin 8,334 von 48,3 Millionen Einwohnern aus, also rund 17 Prozent.

Dort, wo die russische Minderheit am stärksten ist, beginnen im März 2014 die Unruhen, prorussische Demonstranten besetzen Verwaltungsgebäude – allerdings erst, nachdem schon in den Wochen zuvor in der Westukraine Maidan-Demonstranten Verwaltungsgebäude aller Art gestürmt hatten. Am 7. April wird die „Volksrepublik Donezk" ausgerufen, drei Wochen später geschieht das Gleiche in Luhansk. Die „Anti-Terroraktionen" der Zentralregierung in Kiew beginnen. Aus Scharmützeln wird Krieg. Die Separatisten werden von

Russland unterstützt, mit Waffen und auch mit Soldaten. Präsident Putin erhält von der Duma die Vollmacht, die russische Armee in der Ukraine einzusetzen. Im Sommer 2014 werden die Kämpfe immer härter und verlustreicher, dem Vorrücken der ukrainischen Armee folgt eine Gegenoffensive russischer und separatistischer Kräfte. Der durch Beschuss herbeigeführte Absturz eines Verkehrsflugzeugs der Malaysia Airlines am 17. Juli 2014, bei dem alle 298 Insassen, die meisten von ihnen Niederländer, ihr Leben verlieren, verschärft die Spannungen zusätzlich. Die Separatisten der „Volksrepublik Donezk" und die ukrainischen Regierung beschuldigen sich gegenseitig, die Maschine abgeschossen zu haben. Unabhängige Untersuchungen werden, nicht nur von einer Seite, verzögert und behindert. Eine wichtige Frage, wenn auch nicht die Kernfrage, wird nicht gestellt und auch nicht beantwortet: Warum führten die zuständigen und verantwortlichen ukrainischen Fluglotsen, deren Sitz in Kiew und nicht in der Ostukraine ist, dieses Verkehrsflugzeug über gefährliches militärisches Kampfgebiet? In der Wikipedia ist nachzulesen, dass Eurocontrol, die Europäische Organisation zur Sicherung der Luftfahrt mit Sitz in Brüssel, mehrere Tage vor dem MH17-Absturz die ukrainische Regierung inoffiziell zur Sperrung des Luftraums über dem Donbass für Zivilflugzeuge aufgefordert habe. Die Eurocontrol-Vertreter begründeten das damit, dass die Frequenzen, auf denen die Kommunikation zwischen Flugzeugen und der Leitstelle am Boden stattfindet, mehrfach gestört wurden. Außerdem seien bei den Kämpfen bereits 20 Militärmaschinen abgeschossen worden. Eurocontrol betonte, dass es ohne Mandat nicht befugt sei, den Behörden eines Landes offizielle Empfehlungen zu geben. So blieb man in Kiew untätig.

Die Kämpfe gehen auch nach dem Flugzeugabsturz weiter, der Krieg setzt sich fort. Putin allein die Schuld zuzumessen wird im Westen zur vorherrschenden Meinung. Und es droht die Gefahr einer Ausweitung. Mit ihrem massiven Drängen auf westliche Waffenlieferungen an Kiew – für die es durchaus bereits Anzeichen gibt – tragen amerikanische Politiker, vor allem aus dem Senat, zu erhöhtem Risiko bei. Bundeskanzlerin Angela Merkel muss sich wegen ihres Widerstands Schmähungen der übelsten Art gefallen lassen. Dabei ist es die deutsche Regierungschefin, die immer wieder ihr politisches Gewicht, einschließlich ihres persönlichen Kontakts zu Putin, ins Spiel bringt, um einen drohenden Krieg doch noch abzuwenden. Merkel und Frankreichs Staatspräsident François Hollande sind es, die im Februar 2015 gemeinsam mit den Präsidenten von Russland und der Ukraine, Putin und Poroschenko, zu einer zweiten Minsker Waffenstillstandsvereinbarung kommen. Es ist von der letzten Chance die Rede. Bei aller Brüchigkeit und bei allen Risiken – ein mühsamer und fragiler Waffenstillstand ist besser als jeder Krieg. Bemerkenswert am Zustandekommen des Minsker Waffenstillstands: Es sind die Regierungschefs von EU-Mitgliedstaaten, die hier die Fähigkeit zu politischem Handeln und zur Übernahme von Verantwortung zeigen, nicht die in Brüssel zuständigen europäischen Spitzenpolitiker. Allein die Vorstellung, dass in Minsk anstelle von Merkel und Hollande Kommissionspräsident Jean-Claude Juncker und die EU-Außenbeauftragte Federica Mogherini am Verhandlungstisch säßen und ihren Einfluss geltend machten, zeigt, wie weit die aufgeblasene Selbstdarstellung des Brüsseler Apparats von seiner tatsächlichen Wirksamkeit entfernt ist.

In Kiew steht die Regierung des am 25. Mai 2014 im ersten Wahlgang mit klarer Mehrheit gewählten Präsidenten Petro Oleksijowytsch Poroschenko vor riesigen politischen Herausforderungen. Die Wiedergewinnung des Friedens im Osten des Landes überragt alle anderen Aufgaben an Dringlichkeit und Schwierigkeit. Das in der Geschichte der Ukraine noch nie gelöste Problem der Einheit einer Nation muss immer wieder angepackt werden, die in katastrophalem Zustand befindliche Wirtschaft muss aufgebaut, dem Land durch Bekämpfung und Überwindung einer extremen Korruption wieder Vertrauen im Innern und Ansehen nach außen gewonnen werden. So sollte Präsident Poroschenko, wenn er auf all diesen Feldern zumindest mit einiger Aussicht auf Erfolg tätig sein will, die Uniform, die militärische Kompetenz signalisieren soll, ausziehen und mit dem harten politischen Alltag beginnen.

Im Gegensatz zu dem freundlich-arglosen Bild eines erfolgreichen Schokoladenfabrikanten, eher durch Zufall in die Politik geraten, ist der ukrainische Präsident ein Mann reichster politischer und wirtschaftlicher Erfahrung. Poroschenko hat, was auch seine vielseitige Verwendbarkeit und seine Wendigkeit in politisch wechselhaften Zeiten unter Beweis stellt, umfassende Erfahrungen in verschiedensten politischen Ämtern erworben. 2005 war er Vorsitzender des Nationalen Sicherheitsrats. Von dort wechselte er 2007 in das Amt des Direktors der Nationalbank. Nach der Sicherheits- und der Geldpolitik folgte die Außenpolitik, von 2009 bis 2010 war er Außenminister. 2012 schloss sich das Amt des Wirtschaftsministers an, nachdem er, zunächst durchaus ein Gefolgsmann, auf kritische Distanz zu Viktor Janukowitsch gegangen war.

Auf der einen Seite der Kriegstreiber Wladimir Putin, auf der anderen der freundliche, gefällige und friedliche Petro Poroschenko – das Bild, das in dieser Form nie gestimmt hat, beginnt auch im Westen zu bröckeln. So wächst auch in Berlin die Ernüchterung über den Präsidenten, der bei seinem Amtsantritt versprochen hatte, den Konflikt im Osten seines Landes nicht militärisch, sondern durch Verhandlungen beizulegen. Zudem traut man den Aussagen Poroschenkos immer weniger. „Hinter vorgehaltener Hand heißt es in der Bundesregierung, während der Verhandlungen in Minsk habe Poroschenko seine Verbündeten im Westen im Unklaren gelassen über die geringe militärische Stärke der Ukraine", berichtete Anfang März 2015 *Bericht aus Berlin* (ARD). Ein weiteres Problem für den Oberkommandierenden Poroschenko sind die Privatarmeen, die in der Ukraine operieren und dem Staatschef nicht gehorchen. Diese Truppen werden von Oligarchen bezahlt und geführt und fühlen sich weder an Recht und Gesetz noch an internationale Vereinbarungen gebunden. Starke Worte in Kiew, die nicht einmal auf das ukrainische Militär zutreffen, sollen dem Westen ein falsches und damit riskantes Bild der ukrainischen

Wirklichkeit vorzeichnen. Auch Wolfgang Ischinger, Leiter der Münchner Sicherheitskonferenz, stellt fest, dass die Schwäche der ukrainischen Armee viele im Westen erstaunt und überrascht habe.

Dabei hatte Poroschenko schon bei seinem Amtsantritt im Sommer 2014, als man im Westen noch auf seine Verhandlungsbereitschaft gegenüber den Ostukrainern hoffte, auf Kampf und Militär gesetzt. Noch vor seiner Wahl hatte er bei einem Besuch bei Bundeskanzlerin Angela Merkel in Berlin eine Sprache gewählt, die höchste Wachsamkeit hätte hervorrufen müssen. „Diese Leute", und damit meinte er die Separatisten, „verstehen weder die deutsche noch die ukrainische noch die russische Sprache, sie verstehen nur die Sprache der Stärke." Und als 19 ukrainische Soldaten bei einem Raketenangriff getötet wurden, demonstrierte er, was er mit dieser „Sprache der Stärke" meint: „Die Rebellen werden mit Hunderten von Menschenleben für jeden einzelnen unserer Soldaten bezahlen."

Das Politische ist nur eine Seite des Staatspräsidenten, nicht weniger beachtlich ist die wirtschaftliche. Und hier handelt es sich nun wirklich nicht nur um die Schokoladenseite. Poroschenko ist einer der wichtigsten Oligarchen der Ukraine. Das amerikanische Magazin *Forbes* sah ihn 2011 in der Rangfolge der ukrainischen Milliardäre mit einem Vermögen von 1,6 Milliarden Dollar auf Platz sieben. Diese Positionierung ist nicht nur wegen der wirtschaftlichen Not und Armut in der Ukraine bemerkenswert, sie gewinnt zusätzlich durch die Schnelligkeit an Brisanz, mit der sie erreicht wurde. Im Jahr 2005 nämlich taxierte das polnische Nachrichtenmagazin *Wprost* sein Vermögen erst auf 350 Millionen Dollar. In Poroschenkos ökonomischem Imperium Ukrprominvest spielt Schokolade wohl nur eine kleine Rolle. Fernsehsender gehören ebenso zu seinem Reich wie Schiffbau und, vor allem, die Rüstungsindustrie, Raketenbau eingeschlossen. Als ukrainische Truppen Städte einkesselten – militärische Einsätze, die man nach dem allgemeinen westlichen Medienbild nur den Separatisten und ihren russischen Helfern zutraute –, wurden

Raketen und Granaten auch in Wohngebiete gefeuert. Durchaus denkbar ist, so die Schweizer *Weltwoche*, dass dabei sogar Produkte aus einer von Poroschenkos Firmen zum Einsatz kamen. Der automatische Granatwerfer vom Typ UAG-40 ist ein Verkaufsschlager der Rüstungsschmiede Leninska Kutya, die zum Mischkonzern Ukrprominvest Poroschenkos gehört. Mit einer Reichweite von 2000 Metern durchdringen dessen Geschosse laut Eigenwerbung „leicht verstärkte Unterstände", also beispielsweise auch Wohnhäuser. Übrigens: Auch als Staatspräsident bleibt Poroschenko Besitzer seines ökonomischen Milliardenreichs.

Waffen scheint Poroschenkos besondere Vorliebe zu gelten. Auf einer Waffenmesse in Abu Dhabi im Februar 2015 war der ukrainische Staatspräsident ein höchst interessierter Kunde. Er sprach davon, dass Verträge in Höhe von „Dutzenden Millionen Dollar" abgeschlossen worden seien. Kiew werde Waffen liefern, um dann aus den Erlösen „die Fähigkeiten der ukrainischen Armee zu erhöhen". Bei diesem Anlass traf Poroschenko auch mit einer hochrangigen US-Delegation zusammen, wobei es zu Gesprächen mit Frank Kendall kam, der im US-Verteidigungsministerium für Waffenbeschaffung zuständig ist. Poroschenko hielt sich in Abu Dhabi mit öffentlichen Äußerungen zurück, während Anton Geraschenko, Berater des ukrainischen Innenministeriums, mehr als deutliche, nämlich abenteuerliche und hochgefährliche Worte fand, über die *Spiegel Online* berichtete: „Die Araber haben, anders als Europäer und Amerikaner, keine Angst vor Putins Drohungen, im Fall von Waffenlieferungen an die Ukraine einen Dritten Weltkrieg zu entfesseln." Zu hoffen ist, dass diese Sprache in Kiew die Ausnahme und nicht die Regel ist.

Das Denken, das hinter solch fatalen und verderblichen Äußerungen steht, ob in Kiew oder in Moskau, könnte in einen mit ungeheuren Risiken behafteten Krieg führen, den niemand wollen kann, der noch bei Sinnen ist. Es ist dringend geboten und überfällig, dass die Einstellung und die Hoffnung zwischen Ost und West, die am 31. August 1994 in der von

Russen geschriebenen Zeile „Deutschland, wir reichen dir die Hand" steckte, nicht nur von Deutschland, sondern von ganz Europa aufgegriffen wird. Damals hätte der Westen, weit weg von jedem Überlegenheits- oder gar Siegergefühl, sich mit der russischen Seite gemeinsam daran machen müssen, eine neue europäische Welt zu bauen. Hinter der Gründung der NATO stand Mitte der fünfziger Jahre der Gedanke der einstigen Siegermächte, dass in Zukunft Sicherheit vor Deutschland nur Sicherheit mit Deutschland sein könne. Dieser Gedanke war damals richtig, und er ist es noch heute. In einer durch das Ende der Sowjetunion völlig veränderten – nicht nur europäischen – Welt hätte nicht auf alten Wegen, nicht selten eingesäumt von mancher Selbstzufriedenheit, fortgefahren werden dürfen. Um auf den großartigen politischen Ansatz von vor sechzig Jahren zurückzugreifen: Sicherheit vor Russland kann nur Sicherheit mit Russland sein. Das gilt auch umgekehrt aus russischer Sicht: Sicherheit vor Europa kann nur Sicherheit mit Europa sein. Obwohl auf dem Weg zu diesem Ziel ein Vierteljahrhundert verstrichen ist und viel Zeit vertan wurde, immer noch ist es nicht zu spät, die Ziele der Politik überall, vor allem aber in Europa, neu zu justieren. Zu unternehmen ist alles, was Krieg verhindert.

An Wegen und Rezepten, zumal an gelungenen geschichtlichen Beispielen für richtiges Handeln, fehlt es nicht. Auf einen wichtigen und bemerkenswerten politischen und gedanklichen Fund macht in diesem Zusammenhang Peter Gauweiler aufmerksam. Er hat in dem soeben in einer neuen Übersetzung erschienenen und seinerzeit berühmten Buch des Briten John Maynard Keynes, der als einer der größten Wirtschaftswissenschaftler des 20. Jahrhunderts gilt, eine frappante Entdekkung gemacht: Was Keynes mit Blick auf das Ende des Ersten Weltkriegs und auf den Vertrag von Versailles geschrieben hat, lässt sich ohne Mühe und mit großer und hoffnungsvoller Konsequenz auf die brandgefährliche Situation von heute übertragen. Wer wissen wolle, wie der Westen Russland heute nicht behandeln sollte, dem empfiehlt Gauweiler die Lektüre eines

fast hundert Jahre alten Textes, des Buches „Die wirtschaftlichen Folgen des Vertrages von Versailles". In der aktuellen
Neuauflage wird dem alten Titel aus gutem Grund der Begriff
„Krieg und Frieden" vorangestellt. Niemand hat prophetischer
analysiert, warum der Vertrag von Versailles einen neuen Krieg
und bis heute schwelende Konflikte auslösen musste, warum
der Frieden verspielt und Europa unabsehbarer Schaden zuge-
fügt wurde. Keynes hatte als Vertreter des Schatzamts der britischen Delegation in Versailles angehört, zog sich aber kurz vor
Ende der Verhandlungen zurück und gab sein Amt auf. Seine
Begründung: Anstatt den Kriegsverlierer Deutschland in die
neue Weltordnung zu integrieren, zog man ihm in Versailles
das Büßerhemd an. Vergeblich hatte Keynes die Sieger an die
alte Weisheit des Nicolò Macchiavelli erinnert „Demütige nie-
manden, den du nicht vernichten kannst!"

Gauweiler überträgt das Thema des Umgangs mit Besiegten
auf die Umbruchzeit der 1990er Jahre: „Um Keynes' Abhand-
lung zu einer hochaktuellen Schrift zu machen, muss man nur
‚Deutschland' durch ‚Russland' ersetzen und die Frage nach
dem richtigen Umgang mit Besiegten auf das Gorbatschow-
Jelzin-Moskau beziehen." Denn auch die in der Sowjetunion
groß gewordenen politischen Eliten Russlands sehen sich seit
dem Zusammenbruch der Sowjetunion im Büßerhemd des
Verlierers, wobei, so Gauweiler, „viele im Westen ein Interesse daran haben, dass es so bleibt". Gerade Deutschland sollte
Verständnis dafür haben, dass auch ein Besiegter irgendwann
eine Behandlung als Gleichberechtigter beansprucht und Rücksicht auf seine Interessen verlangt. Es bestehe wohl kein Streit
darüber, stellt Gauweiler zu Recht fest, dass es ein schwerer
Fehler gewesen sei, nach der historischen Wende in Europa die
Russische Föderation in den politischen Systemen von Brüssel
außen vor zu lassen. Anstatt Russland in die Staatengemein-
schaft einzubinden, wurde es, so der ehemalige US-Außenminister Henry Kissinger, „in die politische Isolation getrieben".

Von der Tatsache, dass die Ukraine ein riesiges Gebiet mit
vielfältiger kultureller und ethnischer Prägung sei, kommt

Peter Gauweiler auf die Briefwechsel Alexander Solschenizyns mit Boris Jelzin aus dem Jahre 1991 zu sprechen. „Ein jedes Gebiet soll selbst bestimmen, wo es hingehören will", schrieb der Dichter, und ein entsprechendes Referendum solle „in der Ukraine in vollkommener Freiheit stattfinden". Solschenizyns Plädoyer habe damit in Übereinstimmung mit den europäischen Werten gestanden, die ja auf kulturelle Vielfalt und den Schutz der selbstbestimmten kleinen Einheiten abzielen. Diesen Rat nicht zu befolgen und stattdessen auf einen noch nie dagewesenen ukrainischen Mega-Staat zu setzen, sei falsch gewesen. Der Westen hat diese Entwicklung sogar noch befördert, weil es ihm, wie Peter Scholl-Latour kurz vor seinem Tod in seinem Buch „Der Fluch der bösen Tat" schrieb, an „psychologischem Einfühlungsvermögen" fehle, um die „Völkerseelen" zu verstehen. Gauweiler blickt in diesem Zusammenhang nicht nur auf die Ukraine im Allgemeinen, sondern auf die Krim im Besonderen, „wo das juristische Selbstbestimmungsrecht der örtlichen Bevölkerung in Konkurrenz zur völkerrechtlichen Selbstbestimmung des neuen Staates von Kiew getreten" sei.

Ein einheitliches ukrainisches Staatsvolk gebe es nur, so Peter Gauweiler, in den Köpfen des amtlichen Brüssel. Genau davon aber sind die Entweder-oder-Pläne des Assoziierungsabkommens der EU mit der Ukraine geprägt, über tausend Seiten auf Englisch verfasst und vorgelegt: Es gab nur die Wahl zwischen EU oder Russland. Henry Kissinger sieht in diesem Vorgehen eine zusätzliche „Beleidigung Russlands". Der ehemalige US- Außenminister beschreibt in seinem Buch „Weltordnung" die dramatische Szenerie: Das Verhalten Russlands sei eine Reaktion auf das, was Putin für eine Bedrohung von Russlands Sicherheit halte. Russland aber ist ein wichtiger Pfeiler im Konstrukt einer neuen Weltordnung mit einem Gleichgewicht der Kräfte. Der Westen müsse sich in dieses weltpolitische System einfügen und verstehen, was andere Gesellschaften wollten.

Peter Gauweiler kommt in seiner Befassung mit dem Keynes-Buch zurück auf die schlimmen Fehler, die nach dem Ersten

Weltkrieg in Versailles gemacht wurden und die Europa in die Katastrophe stürzten: Die Sicherheit der Ukraine vor Russland kann auf Dauer nur mit Russland und nicht gegen Russland gewährleistet werden. Die deutsche Bundesregierung und die Bundeskanzlerin zeigten mit ihren aktuellen diplomatischen Bemühungen einen Weg, die Interessen des Westens und Russlands in Einklang zu bringen. Die Konsequenz: „Im konkreten Fall sollte dies eine Föderation der Ukraine zum Ziel haben – mit kulturell weitgehend autonomen Landesteilen. Die Ukraine würde so eine Brücke zwischen der EU und Russland bilden."

Die Europäische Union und die Ukraine: Der falsche Ansatz des Entweder-oder

Helmut Schmidt, wortgewaltiger Alt-Bundeskanzler und das aktuelle politische Geschehen immer noch hellwach und engagiert verfolgend, fand die klaren Worte, die man von ihm kennt: „Zum ersten Mal seit dem scheinbaren Ende des Kalten Krieges taucht an Europas Horizont die Möglichkeit eines Krieges auf. Ich gestehe meine wachsende Sorge." Selbstverständlich wollten weder Barack Obama noch Wladimir Putin einen Krieg und auch nicht die Europäer, „wohl aber müssen wir Angst vor dessen wachsender Wahrscheinlichkeit haben." Schmidt in der Souveränität und Unabhängigkeit, die ihm sein Alter geben, attackiert alle Seiten: Die russische Führung kritisiert er ebenso scharf wie die EU. Die gegenwärtigen Handlungen sowohl Putins wie der EU und der NATO seien „geeignet, die Sicherheit beider Seiten erheblich zu gefährden". Besonders hat Schmidt Brüssel im Visier: Die Politik der EU-Kommissare sei „größenwahnsinnig", ließ er in einem Interview im Mai 2014 wissen. Brüssel mische sich in die Weltpolitik ein und provoziere damit die Gefahr eines Krieges. Die Bürokraten der EU hätten die Ukraine vor die „scheinbare Wahl" gestellt, sich zwischen Ost und West entscheiden zu müssen.

Widerspruch, der in Wirklichkeit eine Bestätigung war, erfuhr Helmut Schmidt von einem prominenten Parteifreund – aber nicht im Kern seiner Aussage, sondern in der adressierten Personengruppe. Nicht die Bürokraten in Brüssel, sondern die Politiker der EU seien, so der langjährige Kommissar Günter Verheugen, die Schuldigen an Fehlentwicklungen. Sie hätten sich offen mit dem so genannten Euro-Maidan solidarisiert und nicht gesehen oder sehen wollen, dass es sich weder um eine landesweite noch um eine homogene Bewegung handle. Europäische Politiker hätten sich als „blind für die innenpolitischen Spannungen zwischen der West- und Ostukraine" erwiesen. Die Konsequenz dieser politischen Sehschwäche, so

Verheugen: „Weil europäische politische Eliten nur noch in Kategorien wie prorussisch und proeuropäisch denken konnten und den Konflikt statt den Dialog mit Russland bevorzugten, haben sie – und nicht die Brüsseler Bürokraten – die schwerste Krise in Europa in diesem Jahrhundert mit ausgelöst."

Neben Schmidt hat sich auch Alt-Kanzler Helmut Kohl mit Kritik am Verhalten Europas in und zu der Ukraine-Krise zu Wort gemeldet „Die Aufbruchstimmung in der Ukraine wurde nicht mehr klug begleitet", warnte er bei einem seiner sehr seltenen Besuch in der CDU/CSU-Bundestagsfraktion. Ebenso habe es an „Sensibilität im Umgang mit unseren Nachbarn, insbesondere mit Präsident Putin gemangelt". In seinem Buch „Aus Sorge um Europa" spielen die Ost-West-Beziehungen und die Ukraine-Krise mit ihren kriegerischen Auswüchsen eine wichtige Rolle. Kohl in diesem Appell: „Zum Verhalten Russlands und der Situation in der Ukraine kann der Westen natürlich nicht schweigen, aber der Westen hätte sich klüger verhalten können. Hier sind auf beiden Seiten Fehler gemacht und Befindlichkeiten offenkundig nicht ausreichend beachtet worden." Besonders schmerzt Kohl, welche Entwicklung die G8-Gipfel als wichtige Gesprächs- und Beratungsforen der Staats- und Regierungschefs großer Staaten genommen haben. Mit Blick auf den G7-Gipfel vom Juni 2014, der zunächst im russischen Sotschi stattfinden sollte und dann nach dem Ausschluss von Präsident Wladimir Putin aus diesem Kreis nach Brüssel verlegt worden war, schreibt Kohl: „Ich kann nicht verhehlen, dass ich das Bild des G7-Gipfels Anfang Juni dieses Jahres, der über viele Jahre schon ein G8-Gipfel mit russischer Beteiligung gewesen war, einschneidend und auch bedrückend fand. Ich habe mich in diesem Moment einmal mehr daran erinnert, wie viel Überzeugungskraft es mich seinerzeit als deutschem Bundeskanzler im Kreis der G7-Länder gekostet hat, Russland als achten Partner einzubeziehen."

Auch der G7-Gipfel im bayerischen Ellmau im Juni 2015 findet in einer reduzierten Form statt. Putin, mit dem man angesichts der bedrohlichen Lage zwischen Ost und West mehr denn je reden sollte, bleibt draußen vor der Tür. Welch ein falscher Triumph und welche Torheit dazu! In dieses kontraproduktive Agieren des Westens passt aber auch, wie sich im Jahr 2014 im australischen Brisbane der G20-Gipfel abspielte, das Zusammentreffen der 20 wichtigsten Industrie- und Schwellenländer. Zunächst hatte es so ausgesehen, als ob der europäische und amerikanische Druck auf den australischen Gastgeber, Ministerpräsident Anthony Abbott, zu stark sein würde, um Präsident Putin einzuladen. Als diese Überlegungen verschwanden und der russische Präsident an der Konferenz teilnahm, entstanden Bilder, die in Russland empören mussten und deren Umstände der Betroffene nur schwer wird vergessen können: Putin wirkte isoliert, was auch in seiner Platzierung im Kreis der anderen Gipfelteilnehmer und in Aufnahmen, die ihn allein zeigten, zum Ausdruck kam und wohl so zum Ausdruck kommen sollte. Inzwischen weiß man, dass die veröffentlichten Bilder manipuliert waren. Die brasilianische Staatspräsidentin Dilma Rousseff saß mit Putin am Tisch, wurde aber von einem Kellner verdeckt. Ein Bild „Putin allein" sollte die totale Isolation des russischen Präsidenten demonstrieren. Dass sich Bundeskanzlerin Angela Merkel solchem Verhalten, das ein Gegenstück einer umfassenden Diplomatie und Politik des Ausgleichs und des Friedens ist, verweigerte und zu einem langen Gespräch mit Putin zusammentraf, passt in die generelle Linie der Politik der deutschen Regierungschefin. Merkel griff und greift immer wieder bremsend ein, wenn die Brüsseler Entweder-oder-Politik zu einer weiteren Verschärfung der Lage beizutragen droht.

Neben Helmut Schmidt und Helmut Kohl warnt ein weiterer Altkanzler, Gerhard Schröder, vor gefährlicher Einseitigkeit im russisch-ukrainischen Konflikt. Zwar hält Schröder Russlands Vorgehen in der Ukraine für völkerrechtswidrig, kritisiert aber auch scharf das Handeln der EU. Die Europäische Kommission sei qualitativ in einem desolaten Zustand und habe nicht im entferntesten kapiert, „dass die Ukraine ein kulturell gespaltenes Land ist, und dass man mit einem solchen Land nicht so umgehen kann". Schröder, der als Freund von Präsident Putin gilt und sich in erfrischender Offenheit und trotz vieler Prügel, die er deswegen bezieht, zu dieser Freundschaft bekennt, sieht beim russischen Präsidenten „Einkreisungsängste". Natürlich konstatiert Schröder auf russischer Seite Verstöße gegen das Völkerrecht, erinnert aber offen daran, dass er selbst als deutscher Bundeskanzler im Jugoslawienkonflikt ebenfalls gegen das Völkerrecht verstoßen habe: „Da haben wir unsere Flugzeuge nach Serbien geschickt und die haben zusammen mit der NATO einen souveränen Staat gebombt – ohne dass es einen Sicherheitsratsbeschluss gegeben hätte."

Der EU, in erster Linie vertreten durch die Kommission, fehlte und fehlt es seit Jahren in allen Verhandlungen mit Kiew, vor allem über das Assoziierungsabkommen, an Verständnis für die extrem schwierige Lage der Ukraine zwischen den Lagern, aber auch für die Position Moskaus gegenüber diesem Abkommen. Hätte in Brüssel mehr Verständnis für die jeweils andere Seite bestanden, hätte man die ukrainische Regierung, auch noch zu den Zeiten von Präsident Janukowitsch, nicht vor das Assoziierungsabkommen als einzige Alternative gestellt, um dringend notwendige Hilfsgelder aus dem Ausland zu bekommen. Noch ehe Janukowitsch die fest eingeplante Unterzeichnung des Abkommens in Vilnius abgesagt hatte, wies er darauf hin, dass die von der EU angebotenen Hilfen in Höhe von 600 Millionen Euro „demütigend" seien. Der Präsident sprach damals von einer Summe in der astronomischen Höhe von 160 Milliarden Euro, die sein Land brauche, um sich innerhalb der nächsten Jahre dem EU-Standard anzunähern. Als aus der ukrainischen Sicht eine Unterstützung in diese Richtung ausblieb und es andererseits nicht an russischem Druck, aber auch nicht an russischen Lockangeboten fehlte, sah sich Janukowitsch gezwungen, die Unterzeichnung eines Assoziierungsabkommens abzusagen. Der damalige ukrainische Ministerpräsident Mykola Asarow sekundierte mit der Feststellung, dass angesichts der dramatischen wirtschaftlichen Lage seines Landes die Nichtunterzeichnung in Vilnius „die einzig richtige

Entscheidung" gewesen sei. Günter Verheugen, einst für das Ressort Erweiterung innerhalb der EU-Kommission zuständig, machte schon am Tag nach Vilnius, also am 30. November 2013, die EU für das Scheitern und für die Haltung von Janukowitsch verantwortlich: „Wir hätten ja das Abkommen leicht im vergangenen Jahr unterzeichnen können, da gab es noch gar keinen russischen Druck, aber damals ist, nachdem das Abkommen bereits fertig war, der Gedanke aufgekommen, da können wir vielleicht noch ein bisschen mehr rausholen, und es wurde Julia Timoschenko zur verfolgten Unschuld stilisiert und ein massiver Eingriff in die Souveränität dieses Landes verlangt. Und es war ganz klar, dass das große innenpolitische Schwierigkeiten hervorrufen würde."

Bundeskanzlerin Angela Merkel, unter vielen europäischen Fantasten um das mögliche und notwendige Maß an Realitätssinn bemüht, hatte in Vilnius nach einem Treffen mit Präsident Janukowitsch nicht zum ersten Mal vor Einseitigkeit in der Ukraine-Krise gewarnt. „Der Präsident hat mir noch einmal gesagt, 50 Prozent gehen nach Russland oder in die Republiken der Zollunion, 45 Prozent in die Europäische Union, also Bindung nach beiden Seiten. Und die Aufgabe für uns, die EU, wird sein, noch stärker mit Russland zu reden, wie wir aus dem Entweder-oder, entweder Bindung an Russland oder Bindung an Europa, herauskommen. Und ich glaube, da liegt auch eine Aufgabe für Deutschland."

Leider führte diese richtige Analyse bei der EU nicht zu den Folgerungen, die daraus hätten gezogen werden müssen. Nach Warnungen von vielen Seiten und auch in Beherzigung von Merkels Position wäre es an Europa und seinem Brüsseler Apparat gewesen, noch einmal alles zu versuchen, Russland in ernsthafte Gespräche einzubinden und Kiew die Möglichkeit zu verschaffen, aus einer verhängnisvollen Position des Entweder-oder herauszukommen. Auch die Ukraine ließ es in eifriger Verfolgung ihres politischen Doppelziels, Mitgliedschaft in der EU und dann – aus ihrer Sicht konsequenterweise – in der NATO, an notwendiger diplomatischer Behutsamkeit gegenüber Moskau fehlen. Wenn man erst einmal Mitglied der EU sei, unter deren mächtigen Schutz stehe und in den Genuss gewaltiger wirtschaftlicher Hilfe kommen werde, sei man ja gegen alle von Russland drohenden Risiken abgesichert. Der Weg in die Einseitigkeit wurde von Brüssel und Kiew unbeirrt weiter beschritten. Am 21. März 2014 unterzeichnete der ukrainische Ministerpräsident Arsenij Jazenjuk bei einer EU-Gipfelkonferenz in Brüssel den „politischen Teil" des Assoziierungsabkommens. Drei Monate später, am 27. Juni, setzte der erst kurz zuvor gewählte Staatspräsident Petro Poroschenko in Brüssel seine Unterschrift unter den wirtschaftlichen Teil des Abkommens. Endgültig in Kraft treten kann das Assoziierungsabkommen der EU mit der Ukraine erst, wenn es von den Parlamenten der 28 Mitgliedstaaten ratifiziert ist. Für diesen Vorgang ist ein Zeitaufwand von einigen Jahren anzusetzen. Bis dahin wurden der Ukraine Übergangsregelungen eingeräumt, die schon im Juli 2014 in Kraft traten und bis Ende 2015 gültig sein sollen. Dieses Offenhalten vor dem endgültigen Inkrafttreten des Abkommens zielt auf Zeitgewinn, um mit Russland vielleicht doch noch zu einer Einigung zu kommen. Die Hoffnungen darauf sind allerdings gering. Moskau brachte am 1. September 2014 in insgesamt 2370 (!) Änderungswünschen seine Besorgnis über die Konsequenzen des Abkommens für den russisch-ukrainischen Handel zum Ausdruck. (Die Papiere wurden der russischen Seite ausschließlich in einer englischen Fassung übergeben – ein Sachverhalt, über den sich auch der Deutsche Bundestag seit Jahren aufregt, liegen ihm doch wichtigste EU-Vereinbarungen nicht nur extrem kurzfristig, sondern ebenfalls nur in Englisch vor.) Im Europäischen Parlament war dann diese Übergangsregelung heftig kritisiert worden, die kurz vor der endgültigen Parlamentsentscheidung von EU-Handelskommissar Karel De Gucht, dem ukrainischen Außenminister Pawel Klimkin und dem russischen Wirtschaftsminister Alexej Uljukajew vereinbart worden war.

Gleichartige Assoziierungsabkommen wurden mit den ehemaligen Sowjetrepubliken Georgien und Moldau geschlossen.

„Künftige Generationen in Ukraine, Moldau und Georgien werden sich an diesen Tag erinnern. Das ist ein großer Tag für Europa", jubelte der seinerzeitige EU-Ratspräsident Herman Van Rompuy. Der ukrainische Staatspräsident Petro Poroschenko („Was für ein großartiger Tag!") erklärte nach seiner Unterschrift unter das Assoziierungsabkommen, dass er jetzt noch weit mehr von Europa erwarte. Während innerhalb der EU weitgehend Einigkeit darin besteht, dass es in den kommenden Jahren angesichts vorhandener Probleme keine Erweiterung der Gemeinschaft geben werde, signalisierte Poroschenko in einer „einseitigen Erklärung" mit aller Deutlichkeit ein darüber hinaus gehendes Ziel: „Durch die Unterschrift unter das Abkommen mit der EU unterstreicht die Ukraine als europäischer Staat, der die gemeinsamen Werte von Rechtsstaatlichkeit und Demokratie teilt, seine souveräne Entscheidung für eine künftige Mitgliedschaft in der EU." Dieser selbstbewussten Festlegung folgte die Belehrung an die Adresse der bisherigen Mitglieder, dass die EU „mehr sei als ein exklusiver Club reicher Staaten". Die Präsidenten von Georgien und Moldau, Irakli Garibaschwili und Iurie Leancă, standen hinter ihrem ukrainischen Kollegen nicht zurück. Garibaschwili sieht in dem Assoziierungsabkommen eine „Blaupause" für die europäische Integration Georgiens, das „ein volles Mitglied der europäischen Familie" werden wolle. Auf dieses nicht vorgesehene Drängen in die EU verhielt sich die EU-Kommission gewohnt vieldeutig. Obwohl jede Erweiterung der Gemeinschaft mindestens für die nächsten fünf Jahre abgelehnt wird – Kommissionspräsident Jean-Claude Juncker hatte sich im Wahlkampf zur Europawahl 2014 als Spitzenkandidat der Europäischen Volkspartei (EVP) ausdrücklich auf diesen allgemeinen Aufnahmestopp festgelegt –, kommentierte der damalige Erweiterungskommissar, der Tscheche Stefan Füle, die Ankündigung des ukrainischen Präsidenten äußerst wohlwollend: „Der Beitrittswunsch der Ukraine ist legitim. Es ist wichtig, dass Präsident Poroschenko diese einseitige Erklärung abgegeben hat."

Die Unterzeichnung des Assoziierungsabkommens der Ukraine mit der EU zementierte den Weg des Entweder-oder, vor dem viele europäische Politiker immer wieder gewarnt hatten. Es kam also zu spät, als – um nur ein Beispiel zu nennen – der deutsche Außenminister Frank-Walter Steinmeier bei der Münchner Sicherheitskonferenz im Februar 2015 völlig zu Recht feststellte, dass es dauerhafte Sicherheit in Europa nur mit und nicht gegen Russland geben könne. Steinmeier sagte weiter: „Nur darf das eben keine einseitige Erkenntnis bleiben. Zugleich muss eben auch Moskau klar sein, dass es eine gute Zukunft Russlands nur mit und nicht gegen Europa gibt." Die in zweifacher Form in Brüssel erfolgte Unterzeichnung des Assoziierungsabkommens wurde nicht nur in Moskau, sondern auch von zahlreichen prominenten und erfahrenen westlichen Politikern exakt als Praktizieren einer Politik des Entweder-oder verstanden, die man im Bemühen um eine dauerhafte Bewältigung der Ukraine-Krise hätte vermeiden müssen.

So hatte der ehemalige Außenminister Hans-Dietrich Genscher gefordert, an der Idee einer gemeinsamen Freihandelszone mit Russland festzuhalten. Es wäre schön, wenn daraus etwas geworden wäre, denn: „Dann wäre die Frage der Assoziierung der Ukraine mit der EU möglicherweise anders eingeschätzt worden." Der sozialdemokratische Außenpolitiker Gernot Erler regte ein Nachdenken darüber an, wie bestimmte Positionen Russlands zustande gekommen seien: „Hat die EU nicht gesehen, in welch kritischer Finanzsituation die Ukraine steht?" Die von Kiew nach der Vertreibung Janukowitschs und nach dem Machtwechsel unnachgiebig geforderte Assoziierung – mit dem klaren Ziel, dass diesem Schritt der Beitritt zur EU und dann zur NATO folgen sollte – habe, so Erler, „die aktuellen ukrainischen Probleme befeuert". Die „Stresssituation" habe sich in täglichen Demonstrationen manifestiert, die man hätte vermeiden müssen. Die Frustration Russlands sieht Erler im Vorgehen des Westens in den Jahren von Boris Jelzin begründet: mit Osterweiterung von NATO und EU, Kosovo-Konflikt und Raketenabwehrplänen. „Dem

Westen wird seither vorgehalten, Russlands Schwäche ausgenützt zu haben."

In Brüssel wird in einem Assoziierungsabkommen ein Assoziierungsabkommen gesehen, in Kiew aber viel mehr. Dort gilt das 1200-seitige Vertragswerk als endgültige Bindung der Ukraine an die EU, wodurch die EU-Mitgliedschaft als festgeschrieben gelte. Kern des Assoziierungsabkommens ist die Vereinbarung eines tiefgehenden und umfassenden Freihandelsabkommens, mit dem nicht nur der zollfreie Zugang zu den Märkten von Ukraine und EU freigegeben wird, sondern die Ukraine auch die rechtlichen und wirtschaftlichen EU-Standards übernimmt. Schon in einer solchen Definition muss Moskau einen tiefen und dauerhaften Graben zum großen und wichtigen Nachbarn Ukraine sehen. All jene Ziele, die Russland in Richtung einer ukrainischen Mitgliedschaft in einer Zollunion mit Russland, Weißrussland und Kasachstan oder gar in einer Eurasischen Wirtschaftsunion verfolgt hat, sind unerreichbar geworden. Das Gleiche gilt aus Moskauer Sicht nun auch für Georgien und Moldau. Die ukrainische Regierung wiederum muss sich fragen, wie sie mit den wirtschaftlichen Problemen fertig werden will, die sich daraus ergeben, dass bisher immerhin rund die Hälfte der ukrainischen Exporte nach Russland und den beiden anderen Mitgliedstaaten der Zollunion gingen und nur 45 Prozent in die Länder der EU. Schon im Juli 2014 teilte Russland seine Absicht mit, das mit der Ukraine bestehende Freihandelsabkommen zu kündigen, um den russischen Markt vor EU-Importen zu schützen. Auf Importe aus der Ukraine werde von Russland auf nahezu alle Waren ein Zoll von bis zu 7,8 Prozent erhoben. Die Moskauer Prognose: Die Ukraine werde der Wechsel vom Freihandelsabkommen mit Russland zu den EU-Handelsstandards in den nächsten zehn Jahren 165 Milliarden Euro kosten.

Die EU wiegelt hier ab: Ukrainische Firmen würden die im Abkommen geforderten Standards erfüllen und damit gegenüber europäischen Unternehmen nicht den Kürzeren ziehen. Des Weiteren werde die Ukraine durch Modernisierung,

durch eine den europäischen Standards angepasste Qualitäts-
steigerung und durch die Internationalisierung der Produktion
ihre Wettbewerbsfähigkeit deutlich verbessern. Dass es dazu
einer Steigerung der Investitionssumme schier unvorstellbaren Ausmaßes bedürfte, ist die Rückseite dieser vordergründig
positiven Perspektive: Während im vergangenen Jahrzehnt in
Deutschland rund 5,4 Billionen Dollar investiert wurden, waren es in der Ukraine in diesem Zeitraum lediglich 250 Milliarden Dollar.

Beflissen beeilte sich die EU-Kommission, Argumente zu
veröffentlichen, mit denen die angeblichen „Mythen" über die
negativen wirtschaftlichen Folgen der ukrainischen Assoziierung entkräftet werden sollten. Das Abkommen werde keine
unmittelbaren negativen Konsequenzen haben, die Ukraine
werde lediglich durch die russischen Gegenmaßnahmen in
Mitleidenschaft gezogen. Aber dafür, so die Brüsseler Bürokraten mit Unschuldsmine, sei ja nicht das Abkommen, sondern
Moskau verantwortlich. Zudem schließe das Abkommen Zoll-
vereinbarungen der Ukraine mit anderen Ländern nicht aus,
beteuerte die EU-Kommission, um dann Bedingungen zu for-
mulieren, die Russland in Wahrung seiner eigenen Interessen
nicht akzeptieren könnte, denn selbstverständlich müssten alle
Mitglieder einer Zollunion dieselben Außenzölle für Importe
erheben, da sie gemeinsam festgelegt würden. Und es klingt
durchaus drohend, wenn Brüssel feststellt, dass bei einem Beitritt der Ukraine zur Zollunion mit Russland, Weißrussland
und Kasachstan alle Außenzölle der Ukraine wieder überar-
beitet werden müssten und die bestehenden Freihandelszonen
nichtig wären. Der falsche Weg des Entweder-oder wird hier
von EU-Seite mit aller Härte bestätigt.

Ist der wirtschaftliche Teil des Assoziierungsabkommens für
Russland ein nur schwer hinnehmbares Faktum, enthält der
politische Teil Punkte, die Moskau alarmieren müssen. Hier
regelt das Abkommen die politische Zusammenarbeit, die Sicherheit und den Anti-Terror-Kampf. Deshalb geht es neben
einer allgemeinen Vertiefung der politischen Verbindung um

eine Erhöhung der Konvergenz und der Effektivität in der Sicherheitspolitik. Das ist ein weites Feld und lässt Auslegungen vielfacher Art zu. Wenn Moskau darin ein Agieren in Richtung einer Vorstufe zur NATO vermuten kann, darf das nicht nur als böswillige Unterstellung gesehen werden. Auch andere Ziele des Assoziierungsabkommens haben einen starken sicherheitspolitischen und militärischen Beigeschmack: die Förderung von internationaler Stabilität und Sicherheit auf der Basis eines wirkungsvollen Multilateralismus, die Förderung von Kooperation und Dialog hinsichtlich des internationalen Sicherheits- und Krisenmanagements, besonders die Auseinandersetzung mit globalen und regionalen Herausforderungen und Hauptgefahren. Kann man von Russland Begeisterung über solche Inhalte verlangen? Wie kompliziert das Thema Assoziierungsabkommen und seine Folgen ist, geht aus einem Einzelpunkt hervor, der auf westlicher Seite keine Rolle spielte, auf russischer Seite dagegen als wichtig betrachtet wird: Der Westen erhalte durch das Assoziierungsabkommen Zugang zu der bisher auch für Russland bedeutsamen Rüstungs- und Raumfahrtindustrie der Ukraine.

An großen Worten fehlte es nicht, als am 16. September 2014 in Kiew und Straßburg gleichzeitig das Assoziierungsabkommen zwischen der Ukraine und der EU behandelt und darüber abgestimmt wurde. Die zu gleicher Stunde stattfindenden Sitzungen wurden per Videoschaltung in das jeweils andere Parlament übertragen. Im EU-Parlament gab es 535 Ja-Stimmen, 127 Parlamentarier sagten Nein, 35 enthielten sich der Stimme. Im ukrainischen Parlament verlief die Abstimmung übersichtlicher und in der in früheren politischen Zeiten üblichen Einstimmigkeit: Alle anwesenden 335 Abgeordneten stimmten mit Ja. An großen Worten fehlte es in beiden hohen Häusern an diesem Tag nicht. EU-Parlamentspräsident Martin Schulz sprach von einer „Sternstunde der Demokratie", der ukrainische Staatspräsident Petro Poroschenko von einem „historischen Moment". Weiter bekräftigte er, dass sein Land nach wie vor die Vollmitgliedschaft in der EU anstrebe und dass die

Billigung des Assoziierungsabkommens durch die beiden Parlamente „der erste, aber entscheidende Schritt" auf dem Weg zu diesem Ziel sei. Obwohl Kommissar Füle vor dem Europaparlament die Verschiebung des Wirksamwerdens des Freihandelsteils des Abkommens damit begründete, dass es sonst zu einem „ausgewachsenen Wirtschaft- und Handelskrieg mit Moskau" gekommen wäre, wurde diese Erklärung mit Buhrufen aufgenommen. Dabei: Wem es nicht schnell genug gehen konnte mit diesem EU-Assoziierungsabkommen mit der Ukraine, der könnte eines Tages, wenn der Graben zwischen Ost und West, zwischen Russland und der EU im Allgemeinen und zwischen Russland und Deutschland im Besonderen noch tiefer geworden ist, zu kritischer und nachdenklicher Selbstprüfung gezwungen sein.

Der ungebremste Drang der Ukraine in die NATO, der das Bemühen der Ukraine um das Assoziierungsabkommen mit der EU ständig begleitet hatte, war wenige Tage vor den entscheidenden Parlamentssitzungen in Straßburg und Kiew bei einer NATO-Gipfelkonferenz im walisischen Newport zum Ausdruck gekommen. Der als Gast geladene ukrainische Präsident Petro Poroschenko wartete mit der sensationellen Nachricht auf, dass einige NATO-Mitgliedstaaten bereit seien, Waffen an sein Land zu liefern. Da er nicht sagen konnte oder wollte, welche Staaten das seien, stellten andere Konferenzteilnehmer den Wahrheitsgehalt dieser Aussage in Frage. Auch die scharfen Worte und Pläne des damaligen NATO-Generalsekretärs Anders Fogh Rasmussen, der sich mittlerweile als besonders kämpferischer „Falke" aus seinem Amt verabschiedet hat, könnte Poroschenko zu solchen Spekulationen veranlasst haben. Im Kernpunkt der ukrainischen Wünsche jedenfalls blieb die NATO hart: Eine Mitgliedschaft der Ukraine, von dieser heiß gewünscht, steht nicht auf der Tagesordnung des Bündnisses. Und überflüssige Drohgebärden gegen Russland unterblieben.

Zu danken ist dieser Kurs der Besonnenheit von Angela Merkel, die friedliche Lösungen anstrebt. Nach und während der Ukraine-Krise plädiert die Bundeskanzlerin unermüdlich und gegen heftige Widerstände für eine „wertorientierte Sicherheitsarchitektur", aber auch dafür, mit Russland und Präsident Wladimir Putin im konstruktiven Gespräch zu bleiben.

Die Stimmen der Warner und Mahner: Gegen die antirussische Einseitigkeit

Nicht nur drei ehemalige Kanzler der Bundesrepublik Deutschland – Helmut Schmidt, Helmut Kohl und Gerhard Schröder – warnen in der Betrachtung und Bewertung der gefährlichen Krise um die Ukraine bei der Feststellung der Schuldfrage vor Einseitigkeit. In der weit verbreiteten politischen und medialen Praxis im Westen, Russland und seinen Präsidenten Wladimir Putin als die Alleinverursacher des ukrainischen Dramas anzuprangern und die Ukraine ebenso wie das westliche Europa von jeder Verantwortung freizusprechen, sehen nicht nur Schmidt, Kohl und Schröder ein zusätzliches Risiko. Durch blinde Einseitigkeit wird das Problem nicht gemindert, sondern die Gefahr von Gewalt und Krieg steigt. Bemerkenswert in diesem Zusammenhang ist auch, dass eine klare Mehrheit der deutschen Bevölkerung sich gegen jede Scharfmacherei stellt und besten Willens ist, dass Europa und damit auch Deutschland mit Russland in einem guten Auskommen und in Frieden lebt. Das zum Schmähbegriff gewordene Schlagwort vom Russland- oder Putin-Versteher, das auf alle angewendet wird, die sich um eine ausgewogene Sicht der Dinge bemühen, bestätigt nur die blinde Einseitigkeit jener, die damit hantieren.

Auffällig an dem Kreis jener Personen, die in Deutschland zur Besonnenheit mahnen und darauf aufmerksam machen, dass in einem Streitfall in aller Regel beide Seiten einer kritischen Betrachtung bedürfen, ist ihre parteipolitische Vielfalt. Was für drei Altkanzler und ihre Verankerung in verschiedenen Parteien gilt, trifft auch auf jene Zeitgenossen zu, die sich am 5. Dezember 2014 voller Sorge um die Zukunft und getrieben von persönlicher Verantwortung zu Wort gemeldet haben. Die parteipolitische Mischung dieser Gruppe und der Initiatoren könnte weiter gestreut nicht sein.

Unter der aufrüttelnden Überschrift „Wieder Krieg in Europa? Nicht in unserem Namen!" haben sich mehr als 60 deutsche

Persönlichkeiten aus Politik, Wirtschaft, Kultur und Medien zusammengetan, die in ihrem Aufruf eindringlich vor einem Krieg mit Russland warnen. Sie fordern in ihrem Appell an die Bundesregierung, die Bundestagsabgeordneten und die Medien eine neue Entspannungspolitik für Europa. Angestoßen wurde der Aufruf von einem Trio, bestehend aus dem früheren Kanzlerberater Horst Teltschik (CDU), dem ehemaligen Verteidigungsstaatssekretär Walther Stützle (SPD) und der früheren Bundestagsvizepräsidentin Antje Vollmer (Grüne). Besonderes Aufsehen erregte die führende Rolle von Teltschik in dieser Initiative. Als langjähriger enger Berater von Helmut Kohl, zunächst in dessen Zeit als Ministerpräsident von Rheinland-Pfalz und später im Kanzleramt, hat Teltschik deutsche Politik in einer wichtigen Phase mitgestaltet. Er war als Vize-Amtschef des Kanzleramts an den Verhandlungen in der Wendezeit und während der deutschen Wiedervereinigung beteiligt. Dabei hatte er auch in der Zeit von Michail Gorbatschow mit Moskau zu tun. Nach seinem Ausscheiden aus den Diensten des Kanzleramts 1991 war Teltschik Geschäftsführer der Bertelsmann Stiftung, dann Vorstandsmitglied bei BMW. Fast ein Jahrzehnt leitete er von 1999 bis 2008 die Münchner Sicherheitskonferenz. In dieser Zeit sammelte Teltschik ein hohes Maß an weltpolitischen Erfahrungen, kam mit Gesprächspartnern aus allen Kontinenten zusammen und war insbesondere mit dem großen Thema des Ost-West-Gegensatzes, seiner Risiken und seiner Chancen befasst. Walther Stützle war ein weiterer Initiator des Dezember-Aufrufs, der überall, zustimmend wie ablehnend, große Aufmerksamkeit fand. Stützle war schon in den siebziger Jahren im Bundesverteidigungsministerium in verschiedenen Funktionen tätig. Von 1977 bis 1982 leite er den Planungsstab, um dann von 1998 bis 2002 als Staatssekretär in der Führung des Ministeriums zu arbeiten. Neben der Wahrnehmung publizistischer Aufgaben war Stützle von 1986 bis 1991 Direktor des Stockholm International Peace Research Institute (SIPRI). Zurzeit arbeitet er unter anderem bei der Stiftung Wissenschaft und Politik. Antje Vollmer, evangelische Theologin und 1983

Mitglied der ersten Grünen-Bundestagsfraktion, sieht im Verhalten des Westens in der Vergangenheit – Beispiel Kosovo – eine der Ursachen der Ukraine-Krise.

An politischer und anderer Prominenz fehlt es nicht unter den Unterzeichnern des Friedensappells. Ex-Bundespräsident Roman Herzog ist ebenso dabei wie der ehemalige SPD-Vorsitzende und Bundesjustizminister Hans-Jochen Vogel, Berlins ehemaliger Regierender Bürgermeister Eberhard Diepgen, der einstige brandenburgische Regierungschef Manfred Stolpe und Ex-Bundeskanzler Gerhard Schröder. Unterschrieben haben auch, und das ist nur eine Auswahl: Mario Adorf, Luitpold Prinz von Bayern, der Vorsitzende des Ost-Ausschusses der Deutschen Wirtschaft Eckhard Cordes, Ex-Bundesministerin Herta Däubler-Gmelin, Pater Anselm Grün, Burkhard Hirsch, „Stern"-Mann Hans-Ulrich Jörges, Margot Käsmann, Lothar de Maizière, Klaus Mangold, Klaus Prömpers, Otto Schily, der ehemalige deutsche Botschafter in Moskau Ernst-Jörg von Studnitz, Wim Wenders und Klaus Maria Brandauer. In der Tat, wie Heribert Prantl in der *Süddeutschen Zeitung* schreibt, eine Liste respektabler Persönlichkeiten. Den Aufruf insgesamt wertet er als „ein Dokument brennender Sorge". Kritisch setzt sich Prantl in seinem Artikel mit dem als Schimpfwort gedachten Begriff „Russland-Versteher" auseinander: „Es gehört zu der merkwürdigen Rhetorik, die den Ukraine-Konflikt begleitet, dass Leute wie Herzog und Vogel, wenn sie vor einem Krieg in Europa warnen, als ‚Russland-Versteher' tituliert werden; dieses Wort wird oft als Kampf- und Tarnbegriff für angeblicher Arschkriecherei eingesetzt. Verstehen hat aber nichts zu tun mit beschwichtigen, verzeihen oder gar verklären. Die Motive des anderen zu verstehen, ist Grundlage für alle Verhandlungen. Wer das schmäht, wer nicht mehr verstehen will, der will nicht mehr verhandeln. Das wäre absolut nicht mehr zu verstehen."

Um das Verstehen der politischen Gesamtlage im Kontext der Ukraine-Krise, um das Verstehen aller Akteure und ihrer Motive geht es den Verfassern des Aufrufs: „Niemand will

Krieg. Aber Nordamerika, die Europäische Union und Russland treiben unausweichlich auf ihn zu, wenn sie der unheilvollen Spirale aus Drohung und Gegendrohung nicht endlich Einhalt gebieten. Alle Europäer, Russland eingeschlossen, tragen gemeinsam die Verantwortung für Frieden und Sicherheit. Nur wer dieses Ziel nicht aus den Augen verliert, vermeidet Irrwege." Nach diesem Auftakt wendet sich der Aufruf der aktuellen Krise und Gefahr zu: „Der Ukraine-Konflikt zeigt: Die Sucht nach Macht und Vorherrschaft ist nicht überwunden. 1990, am Ende des Kalten Krieges, durften wir alle darauf hoffen. Aber die Erfolge der Entspannungspolitik und der friedlichen Revolutionen haben schläfrig und unvorsichtig gemacht. In Ost und West gleichermaßen. Bei Amerikanern, Europäern und Russen ist der Leitgedanke, Krieg aus ihrem Verhältnis dauerhaft zu verbannen, verloren gegangen. Anders ist die für Russland bedrohlich wirkende Ausdehnung des Westens nach Osten ohne gleichzeitige Vertiefung der Zusammenarbeit mit Moskau, wie auch die völkerrechtswidrige Annexion der Krim durch Putin, nicht zu erklären."

Die Rolle Deutschlands in der gegenwärtigen Krisensituation ist den Autoren des Aufrufs besonders wichtig: „In diesem Moment großer Gefahr für den Kontinent trägt Deutschland besondere Verantwortung für die Bewahrung des Friedens. Ohne die Versöhnungsbereitschaft der Menschen Russlands, ohne die Weitsicht von Michail Gorbatschow, ohne die Unterstützung unserer westlichen Verbündeten und ohne das umsichtige Handeln der damaligen Bundesregierung wäre die Spaltung Europas nicht überwunden worden. Die deutsche Einheit friedlich zu ermöglichen, war eine große, von Vernunft geprägte Geste der Siegermächte. Eine Entscheidung von historischer Dimension. Aus der überwundenen Teilung sollte eine tragfähige europäische Friedens- und Sicherheitsordnung von Vancouver bis Wladiwostok erwachsen, wie sie von allen 35 Staats- und Regierungschefs der KSZE-Mitgliedstaaten im November 1990 in der ‚Pariser Charta für ein neues Europa' vereinbart worden war. Auf der Grundlage gemeinsam festgelegter Prinzipien und erster konkreter Maßnahmen sollte ein ‚Gemeinsames Europäisches Haus' errichtet werden, in dem alle Staaten gleiche Sicherheit erfahren sollten. Dieses Ziel der Nachkriegspolitik ist bis heute nicht eingelöst. Die Menschen in Europa müssen wieder Angst haben."

Deshalb appellieren die Unterzeichner des Aufrufs an die Bundesregierung, ihrer Verantwortung für den Frieden gerecht zu werden: „Wir brauchen eine neue Entspannungspolitik für Europa. Das geht nur auf der Grundlage gleicher Sicherheit für alle und mit gleichberechtigten gegenseitig geachteten Partnern. Die deutsche Regierung geht keinen Sonderweg, wenn sie in dieser verfahrenen Situation auch weiterhin zur Besonnenheit und zum Dialog mit Russland aufruft. Das Sicherheitsbedürfnis der Russen ist so legitim und ausgeprägt wie das der Deutschen, der Polen, der Balten und der Ukrainer."

Dann kommt ein Kernstück, wenn nicht *das* Kernstück des Appells: „Wir dürfen Russland nicht aus Europa hinausdrängen. Das wäre unhistorisch, unvernünftig und gefährlich für den Frieden. Seit dem Wiener Kongress 1814 gehört Russland zu den anerkannten Gestaltungsmächten Europas. Alle, die versucht haben, das gewaltsam zu ändern, sind blutig gescheitert, zuletzt das größenwahnsinnige Hitler-Deutschland, das 1942 mordend auszog, auch Russland zu unterwerfen." Deshalb geht der Appell an die Abgeordneten des Deutschen Bundestags, als vom Volk beauftragte Politiker, dem Ernst der Situation gerecht zu werden und aufmerksam auch über die Friedenspflicht der Bundesregierung zu wachen: „Wer nur Feindbilder aufbaut und mit einseitigen Schuldzuweisungen hantiert, verschärft die Spannungen in einer Zeit, in der die Signale auf Entspannung stehen müssten. Einbinden statt ausschließen muss das Leitmotiv deutscher Politiker sein."

Auch die Rolle der deutschen Medien kommt zur Sprache. Dort wird in großen Teilen nicht zu Besonnenheit und zum Bemühen um Ausgleich aufgerufen, sondern in nicht wenigen Fällen ein Zerrbild der anderen, der russischen Seite gezeichnet. Wer beispielsweise am 17. Februar 2015 im Programm des ZDF eine 45-minütige Dokumentation über den russischen Präsidenten unter dem Titel „Mensch Putin" sah, erkannte schnell, dass es hier nicht um eine Dokumentation, sondern um feindselige und aggressive Agitation ging. Der CSU-Politiker Peter Gauweiler nahm dieses Paradebeispiel einer Stimmungsmache gegen Russland und Putin zum Anlass, ein kritisches Schreiben an ZDF-Intendant Thomas Bellut zu richten. Darin heißt es: „Was da gezeigt wurde, war nicht das Ergebnis einer nachvollziehbaren Pro- und Contra-Recherche – wie man es von einer ausdrücklich als Dokumentation angepriesenen Sendung eigentlich erwarten möchte –, sondern ein unappetitlicher, auf boulevardesk getrimmter Beitrag, der den geneigten Zuschauer ohne jeglichen Zugewinn an Wissen und mit vielen schwammigen Eindrücken zurückließ. Was in dem Beitrag ‚dokumentiert' wurde, war der starke Wille zum Vorurteil bei seinem Verfasser."

Medienangebote dieser Art sind es wohl, die in dem Aufruf „Wieder Krieg in Europa? Nicht in unserem Namen!" zu einer ausdrücklichen Passage an die Medien führten: „Wir appellieren an die Medien, ihrer Pflicht zu einer vorurteilsfreien Berichterstattung überzeugender nachzukommen als bisher. Leitartikler und Kommentatoren dämonisieren ganze Völker, ohne deren Geschichte ausreichend zu würdigen. Jeder außenpolitisch versierte Mensch wird die Furcht der Russen verstehen, seit NATO-Mitglieder 2008 Georgien und die Ukraine einluden, Mitglieder im Bündnis zu werden. Es geht nicht um Putin. Staatenlenker kommen und gehen. Es geht um Europa. Es geht darum, den Menschen wieder die Angst vor Krieg zu nehmen. Dazu kann eine verantwortungsvolle, auf soliden Recherchen basierende Berichterstattung eine Menge beitragen."

Nicht ohne Ironie ist, dass der Umgang von ARD und ZDF mit dem Aufruf zur Lebens- und Überlebensfrage „Wieder Krieg in Europa?" die kritischen Anmerkungen zum Umgang von Medien mit diesem Thema geradezu bestätigt. Stefan Niggemeier, profilierter Medienjournalist, berichtete in seinem Blog von einem bemerkenswerten Vorgang. Falls sie von dem

Appell gehört hätten, so wendete er sich am 8. Dezember 2014 an seine Leser, „dann nicht aus den Fernseh-Nachrichten von ARD und ZDF. Die haben darüber nämlich nicht berichtet." Auf seine Anfrage bei den Sendern erhielt Niggemeier die Auskunft, dass es am Tag der Verbreitung des Appells zu viel anderes zu berichten gegeben habe.

Zum Schluss ihres Aufrufs beziehen sich Teltschik, Stützle, Vollmer und ihre Mitstreiter auf die Rede, die der damalige – im Februar 2015 gestorbene – Bundespräsident Richard von Weizsäcker am 3. Oktober 1990 gehalten hat: „Der Kalte Krieg ist überwunden. Freiheit und Demokratie haben sich bald in allen Staaten durchgesetzt. Nun können sie ihre Beziehungen so verdichten und institutionell absichern, dass daraus erstmals eine gemeinsame Lebens- und Friedensordnung werden kann. Für die Völker Europas beginnt damit ein grundlegend neues Kapitel in ihrer Geschichte. Sein Ziel ist eine gesamteuropäische Einigung. Es ist ein gewaltiges Ziel. Wir können es erreichen, aber wir können es auch verfehlen. Wir stehen vor der klaren Alternative, Europa zu einigen oder gemäß leidvollen historischen Beispielen wieder in nationalistische Gegensätze zurückfallen."

Teltschik und Stützle lassen es nicht bei ihrem dramatischen Appell bewenden. In Interviews werben sie immer wieder für ihre Sicht der Dinge und damit für einen anderen europäischen Ansatz im Umgang mit Russland. „Wir sind möglicherweise am Vorabend eines großen Krieges", warnte Stützle in einem Gespräch mit *Deutschlandradio Kultur*. Mögliche westliche Waffenlieferungen an die Ukraine, von denen nicht nur in Washington gesprochen wird, hält Stützle für absurd: „Wollen wir wirklich eine Entwicklung, wo die NATO in einen Krieg mit Russland hineingezogen wird?" Vielmehr gehe es darum, „die selbstverständliche Rolle Russlands für eine europäische Friedensordnung anzuerkennen". Die Ukraine-Krise dürfe man nicht isoliert sehen, sie müsse in einem gesamteuropäischen Rahmen beurteilt werden. Den von ihm mitinitiierten Appell bewertet Stützle positiv: „Die Kanzlerin müsste sich bei uns dafür bedanken, dass wir einen diagnostischen Weckruf in die Welt gesetzt haben."

Seine Sorge sei, so Horst Teltschik in einem Interview mit der Wochenzeitung *Die Zeit*, dass „nun alles kaputtgemacht wird, weil man glaubt, den Russen um jeden Preis zeigen zu müssen, dass sie die Aggressoren sind und ihr politisches System für uns unakzeptabel ist". In Deutschland störten ihn, so der ehemalige Kohl-Mitarbeiter, die Tonlage und die Richtung der öffentlichen Diskussion: „Sie erschöpft sich weitgehend darin, Russland zu kritisieren und vom Kalten Krieg zu sprechen. Und mit Gegenmaßnahmen zu drohen, die wir nicht einmal im Kalten Krieg ergriffen haben." Kritik an dem wesentlich von ihm ausgegangenen Aufruf zu einem Dialog mit Russland weist Teltschik zurück: „Die Kritiker sollten sich an den Kalten Krieg erinnern und an die damals sehr konkreten Kriegsgefahren. Die Antwort der NATO lautete seit 1967: Sicherheit und eine Politik des Dialoges und der Zusammenarbeit sind die zwei Seiten der gleichen Medaille. Darum geht es auch heute."

Zur von Teltschik beklagten Tonlage und Richtung in der Diskussion des Themas Ukraine hat Roger Köppel, Chefredakteur der in Zürich erscheinenden *Weltwoche*, Woche für Woche mutig und klug gegen den innerschweizerischen und europäischen Mainstream argumentierend, interessante Erfahrungen in Deutschland gesammelt. Er hatte vor einiger Zeit Gelegenheit, so schreibt er in der Ausgabe der *Weltwoche* vom 12. Februar 2015, bei einem Abendessen in Berlin mit hochrangigen Regierungsvertretern über Putin zu sprechen. Sein Eindruck: „Ich war entsetzt über den kompromisslos kriegerischen Ton und die betonharte Abneigung gegenüber dem Kreml. Natürlich hatten die ballistischen Parolen etwas Wirklichkeitswidriges, denn die Deutschen hätten weder die militärischen Mittel noch den militärischen Willen, ihre Feindseligkeiten im Härtetest auch durchzusetzen. So blieb es bei einer merkwürdig überspannt wirkenden Gereiztheit knapp unter dem Siedepunkt der Hysterie." Er habe versucht, so berichtet Köppel, die Atmosphäre durch einen vernünftig klingenden

Einwand abzukühlen. Die Deutschen hätten doch keinerlei Interesse daran, die Russen zu entfremden. Die Russen seien auf industrielles deutsches Können angewiesen, außerdem hätten die Deutschen mit den Russen jahrhundertelang hervorragend zusammengearbeitet, ja herausragende deutsche Persönlichkeiten hätten den Russen in ihrer Geschichte immer wieder geholfen, ihr Land zu zivilisieren.

Damit habe er, so Köppel, einen „Volltreffer in den Fettnapf" gelandet: „Mit einem Mal verfinsterten sich die Gesichter meiner deutschen Freunde, Augenspalten verengten sich zu Schießscharten. Ein Minister zischte mir zu, dass die Deutschen gegenwärtig niemals eine Übereinkunft mit Putin finden könnten. Das sei ausgeschlossen, unmöglich, absolut undenkbar. Das wäre ja eine Wiederauflage jenes teuflischen Vertrages, den vor Beginn des Zweiten Weltkriegs Hitler und Stalin abgeschlossen hätten, des berüchtigten Nichtangriffspaktes, in dessen Folge Polen vernichtet worden sei. Allein diese geschichtliche Last mache es der Kanzlerin unmöglich, den Russen entgegenzukommen. Putin wolle die alte Sowjetunion zurück, Deutschland müsse dagegenhalten."

Schlagartig wurde dem Beobachter aus der Schweiz jetzt bewusst, dass in den Köpfen seiner wichtigen deutschen Gesprächspartner aus den oberen politischen Rängen der Zweite Weltkrieg noch nicht vorbei ist: „Das Trauma wirkt nach. Deutschland bleibt gefangen in seinen historischen Erfahrungen, die es geistig immer wieder durchlebt, um sie auf keinen Fall zu wiederholen." Köppel warnt, dass historische Analogie in die Irre führen könne: „Der deutsch-sowjetische Nichtangriffspakt vom 24. August 1939 zwischen Hitler und Stalin war der temporäre Waffenstillstand zweier Schwerverbrecher, die sich darauf einigten, ihre wechselseitige Ermordung ein paar Jahre hinauszuschieben, um vorher noch reichlich Beute zu machen. Es war nicht die friedliche Übereinkunft rationaler Staatsmänner, sondern eine Art Termingeschäft der Zerstörung unter Todfeinden, bei dem jeder insgeheim darauf wettete, in naher Zukunft stark genug zu sein, um den jeweils anderen von der Landkarte zu löschen. Nichts von alledem, was heute in der Ukraine passiert, hat damit etwas zu tun."

Putin sei, so Köppel, kein Stalin und schon gar kein Hitler, „obschon unvorsichtige Interpreten auch diese Absurdität bereits in die Arena warfen". Der russische Präsident steuere eine ehemalige Großmacht, die in den vergangenen 20 Jahren zusehen musste, wie ihre Grenzen um rund 2000 Kilometer von Westen nach Osten zurückgeschoben wurden. Fazit dieser Verschiebung: „Die Russen ließen es geschehen, dass sich Deutschland friedlich wiedervereinigte und ihre einstigen Sowjetrepubliken heute größtenteils im westlichen Verteidigungsbündnis unterkamen."

Hier setzt die Kritik der schweizerischen Analyse an: „Berauscht von seiner EU- und Nato-Osterweiterung, begann der Westen unvorsichtig, die Ukraine zu umgarnen. Man lockte mit Bündnissen und wirtschaftlicher Hilfe. Als der gewählte Ex-Präsident Janukowitsch im Februar 2014 ohne die erforderliche Mehrheit aus dem Amt geputscht wurde, standen westliche Politiker am Maidan Spalier." Köppel beschäftigt hier die Fantasie seiner Leser: „Stellen wir uns vor, was in Washington los wäre, wenn die Russen bei einem Volksaufstand in Mexiko ihre Aufwartung machen würden." Geschichte könne klug, aber sie könne auch blind machen, schreibt Köppel, und mahnt, dass die Schablonen des Zweiten Weltkriegs und des Kalten Kriegs nicht zur Beurteilung der Lage in der Ukraine taugten. Solche Muster vertieften nur die Gräben und drohten das Vertrauen gänzlich zu zerstören. Leider seien gegenwärtig alle Beteiligten geschichtlich etwas geblendet, und alle scheinen sogar gute Gründe dafür zu haben. „Die Deutschen verharren in einer Art Hitler-Starre und sind der Meinung, eine Wiederholung der Verhältnisse vor Ausbruch des letzten Weltkriegs zu sehen. Die Amerikaner glauben in Putin einen Wiedergänger der expansiven Sowjets zu erblicken. Die Russen wiederum, die einst unter Millionenopfern von Napoleon und den Nazis überfallen wurden, wehren sich gegen Urängste der Einschnürung. ... Die Weltgeschichte ist eine Chronik der Missverständnisse."

Vor solchen Missverständnissen warnt auch Henry Kissinger, der in der Länge seiner politischen Lebenserfahrung, ob als Sicherheitsberater oder als amerikanischer Außenminister, nur Helmut Schmidt als Konkurrent zu fürchten braucht. Hinzu kommt bei Kissinger, dass er sich auch als Historiker und Autor wichtiger Bücher permanent mit den Problemen der Welt und ihren möglichen Lösungen befasst hat. Sein jüngstes Werk „Weltordnung" erschien im Herbst 2014. In der *Weltwoche* hat er sich im Februar 2015 zur Krise in der und um die Ukraine geäußert. Er hält dieses Geschehen für eine Tragödie: „Schritt für Schritt haben vernünftige Leute annehmbare Ziele angesteuert, doch dabei eine gefährliche Situation geschaffen, die von historischem Ausmaß sein könnte. Meiner Meinung nach war das völlig unnötig." Einen Grund für diese Entwicklung sieht er in der Behandlung des russischen Präsidenten durch den Westen: „Was immer man von Putin hält, er hat zehn Jahre seines Lebens dafür gegeben, die Olympischen Spiele nach Russland zu holen, er hat fünfzig Milliarden Euro für Sotschi ausgegeben, er kann nicht vorgehabt haben, nach den Spielen eine ukrainische Krise anzuzetteln. So muss man sich fragen: Wie ist es an diesen Punkt gekommen? Das rechtfertigt keine seiner Aktionen, aber es kann nicht sein, dass er es just zu diesem Zeitpunkt so geplant hat." Bei den Spielen habe Putin doch versucht, Russland als ein Mitglied der internationalen Gemeinschaft vorzustellen. Man könne natürlich sagen, es sei alles eine gigantische Posse gewesen, „aber das ist Unfug". Jeder habe Fehler gemacht: „Die Europäer dachten, sie könnten mit den ukrainischen Verhandlungen Innenpolitik betreiben, und stellten Forderungen etwa zur früheren Regierungschefin Julia Timoschenko. Oder finanzielle Bedingungen, die hart für die Ukrainer waren. Nachdem die Ukrainer diese Forderungen zurückgewiesen hatten, überzogen die Russen und boten sich als Ersatz an, zum Beispiel als Geldgeber." Daraufhin seien die Europäer in Panik geraten, ihre Vorschläge eskalierten. Die Russen schlugen Dreierverhandlungen vor, die von den Europäern abgelehnt wurden. Dies alles aber hält Kissinger für zweitrangig im Vergleich zur Hauptsünde der Staatenlenker. Keiner von ihnen habe gesagt: „Moment mal, hier geht es ums Eingemachte, um die Zukunft Russlands, der Ukraine, Europas und Amerikas. Wohin treiben wir?" Insbesondere, so die Kritik des ehemaligen amerikanischen Außenministers, die USA hätten in dieser Phase gar nichts getan, sie hätten zu dieser Zeit nicht einmal einen Botschafter in Russland gehabt. Dem Westen insgesamt wirft Kissinger psychologische Ungeschicklichkeiten vor, wobei er den Umgang mit den Olympischen Winterspielen in Russland als besonders gravierenden Fehler ansieht: „Viele Regierungsgrößen wollten sich bei den Spielen nicht zeigen, was die Russen als Beleidigung wahrnahmen. Wären sie in Sotschi gewesen, hätten sich vielleicht Gelegenheiten zum Reden ergeben."

In Kissingers Sicht ist für das Entstehen der Ukraine-Krise und der daraus folgenden gefährlichen Entwicklungen ausschlaggebend, dass der Westen den Aufstand in Kiew als lokale Angelegenheit betrachtet habe: Demokratie kontra das Regime, obwohl die Regierung mit einer Mehrheit gewählt worden war. Viele westliche Länder hätten ihre Repräsentanten auf den Maidan geschickt und die Sache damit angeheizt. Wenn man die politische Szene um die Ukraine von der anderen Seite betrachte, bestehe kein Zweifel daran, dass Russland stets die „nostalgische Neigung" hatte, die Ukraine heim nach Russland zu holen, wenn auch über einen längeren Zeitraum. Als die Ukraine dann als Folge innenpolitischer Verwerfungen in die „westliche Sphäre" schlitterte, zudem noch während der Olympischen Spiele von Sotschi, konnte Putin das nur als „Beleidigung" auffassen. Kissinger plädiert für eine konzeptionelle Diskussion mit Putin, für ein gemeinsames Suchen nach Antworten auf die weltpolitische Frage: „Wo wollen wir hin?" Diese Aufgabe kann weder von Deutschland und Russland noch von Europa und Russland allein gelöst werden. Die Vereinigten Staaten von Amerika würden hier – Stichwort „Weltordnung" – gebraucht: „Der Punkt ist, dass der Westen bis heute nicht verstanden hat, dass selbst die Ukraine-Krise hätte dazu benutzt werden sollen, Russland in der Gemeinschaft zu halten und nicht in die Isolation zu treiben."

Um vorherrschende öffentliche und veröffentlichte Meinungen hat sich Peter Scholl-Latour nie gekümmert. Der große Journalist, der „Welterklärer", der nach einem rastlosen, aufregenden und von zahllosen Fernsehsendungen, Artikeln und Büchern geprägten Leben am 14. August 2014 im 91. Lebensjahr starb, hat ein gewichtiges Vermächtnis hinterlassen: das erst nach seinem Tod und inzwischen in vielen Auflagen erschiene Buch „Der Fluch der bösen Tat. Das Scheitern des Westens im Orient". Zu diesem Orient, zu diesem Osten, gehört für Scholl-Latour selbstverständlich auch die Ukraine. Und es gehört dazu das Handeln und Versagen des Westens – ein Versagen durch Einseitigkeit. Noch zur Jahreswende 2013/2014 schien eine kriegerische Konfrontation auf europäischem Boden nicht mehr vorstellbar, als, so Scholl-Latour, alte Wunden, von denen man annahm, sie seien längst verheilt, wieder aufbrachen: „Der absurdeste Territorialkonflikt spielt sich in der Ukraine ab, und das Blutvergießen erreicht seinen Höhepunkt präzis in einer Region, die im Zweiten Weltkrieg zu den blutigsten Schlachtfeldern gehörte. Der Wunsch der ostukrainischen Provinzen Luhansk und Donezk, sich aus der Bevormundung Kiews zu lösen, zumindest einen gewissen Grad an Autonomie zu erreichen, wäre vielleicht auf diplomatischem Wege zu regeln gewesen. Aber da passierte der tragische Absturz der Malaysian-Airways-Maschine MH17, der den bisher kontrollierbaren Widerstreit vollends aus dem Ruder laufen lief. Es lag bestimmt nicht im Interesse Wladimir Putins, eine solche Tragödie heraufzubeschwören. Das dramatische Ereignis, das Russland sofort der allgemeinen Verurteilung aussetzte, war für den russischen Staatschef ein schwerer Rückschlag. Wenn eine Regierung ein Interesse daran hatte, eine solche Eskalation zu vermeiden, dann diejenige im Kreml. Aber der Schuldspruch war schon gefällt."

Ähnliches zu Lasten Putins und seiner Regierung geschah Ende Februar 2015, als in nächster Nähe zum Kreml der populäre Oppositionspolitiker und Putin-Kritiker Boris Nemzow einem Mordanschlag zum Opfer fiel. Die Frage, wem eine solch furchtbare Tat nutzen könne und wem auf jeden Fall nicht, nämlich Putin, ging in einer voreingenommenen Stimmungslage im Westen unter. Putin wurde, ohne jedes Anzeichen eines Beweises und weil sowieso unter Generalverdacht stehend, in den bösen Dunst einer bösen Verdächtigung gestellt – obwohl er diese Tat als eine „Schande" für Russland gebrandmarkt und angekündigt hatte, die Täter mit aller Härte des Gesetzes zu verfolgen und dingfest zu machen. Die wenige Tag nach der Tat erfolgte Festnahme mehrerer Verdächtiger wurde sogar von Teilen der russischen Opposition anerkennend registriert. Der Dunst der Putin-Verdächtigungen im Westen waberte aber weiter.

Zurück zu Peter Scholl-Latour: Wer hätte geahnt, so fragt er, dass ein Vierteljahrhundert nach Bereinigung des Ost-West-Konflikts und nach dem Zusammenbruch der Sowjetunion die Gegnerschaft zwischen Washington und Moskau sich an der Ukraine neu entzünden könnte und dass die Europäer unfähig wären, diesen Rückfall in den Kalten Krieg zu verhindern? Die Russische Föderation wurde auf die Grenzen zurückgeworfen, die der deutsche Generalstab im März 1918 dem bolschewistischen Revolutionär Wladimir Iljitsch Lenin diktiert hatte. Vor allem aber sah sich Russland, das unter ungeheuerlichen Verlusten mit dem Vormarsch der Roten Armee von Stalingrad bis Berlin die wesentliche Voraussetzung für den Sieg der Alliierten im Mai 1945 erkämpft hatte, nach der großen politischen Wende in Europa von der Verdrängungsstrategie der Atlantischen Allianz in die Rolle eines Kriegsverlierers versetzt. Nicht nur Russland konnte dies so sehen.

Peter Scholl-Latour erinnert an einen Vorgang, der im Westen gerne vergessen, im Osten dagegen umso schärfer ins Gedächtnis eingegraben ist: „Helmut Kohl kann bestätigen, dass die westliche Allianz bei der Preisgabe der DDR dem Generalsekretär der KPdSU Michail Gorbatschow die feierliche Zusage machte, ein Beitritt der ehemaligen Staaten des Warschauer

Pakts zur NATO bliebe ausgeschlossen, was allerdings nicht schriftlich dokumentiert wurde. In der Euphorie der deutschen Wiedervereinigung, und erst recht, als Boris Jelzin die Rote Fahne der Sowjetunion über dem Kreml durch die weiß-blau-rote Trikolore des Zarenreiches ersetzt und die Teilrepubliken der Sowjetunion ermutigt hatte, für sich soviel Souveränität wie möglich zu beanspruchen, konnte niemand damit rechnen, dass die USA unter der Präsidentschaft George H. W. Bushs diese Absprache in den Wind schlagen würden." Aus Berlin kam kein Einwand, so Scholl-Latour, als die früheren Ostblockstaaten von Estland bis Bulgarien NATO-Mitglieder wurden und amerikanisches Militär bis unmittelbar an die Grenzen des noch verbliebenen russischen Machtbereichs in Europa herangeschoben wurde. Als das Pentagon dann auch noch einen Raketenabwehrzaun in den neuen NATO-Ländern errichten wollte und das mehr als fadenscheinig damit begründete, er werde gegen die Islamische Republik Iran gerichtet, musste das Klima zu Moskau zwangsläufig stark abkühlen.

Als Boris Jelzin ging und Wladimir Putin kam, erwartete man offenbar in Washington, dass sich dieser Newcomer den westlichen Vorstellungen von parlamentarischer Demokratie und kapitalistischer Marktwirtschaft unterwerfen würde. Aber: „Sobald jedoch deutlich wurde, dass Putin mit autoritären Methoden sein Vaterland aus der entsetzlichen Misere herausführen wollte, in der er es vorgefunden hatte, zeigte man sich am Potomac enttäuscht und empört. Schon setzte eine systematische Kampagne der Diffamierung ein." Im Westen konnte und wollte man nicht verstehen, dass in der Periode des postsowjetischen Übergangs das russische Volk bereits eine extrem ernüchternde und negative Erfahrung mit den freiheitlichen Werten des Westens gemacht hatte, deren Verbreitung von Amerika aus betrieben worden war. Scholl-Latour schreibt aus eigener Beobachtung: „Nur wer zurzeit von Perestrojka und Glasnost, zurzeit der Verschleuderung von Staatsvermögen an unersättliche Oligarchen an Ort und Stelle war, kann sich eine Vorstellung machen von dem Massenelend, von der

ausufernden Kriminalität, die damals über Russland herein-
brachen. Im Zentrum der Hauptstadt verhökerten die um jedes
Einkommen betrogenen Bevölkerungsschichten ihr letztes Hab
und Gut für ein paar Dollar. Jede Zugreise war von kriminel-
len Übergriffen bedroht. Prostitution und Drogenkonsum brei-
teten sich aus."

Das alles hatte sich im Zeichen einer chaotischen und völlig übereilten Übernahme westlicher Regierungs- und Wirt-
schaftsvorstellungen vollzogen. Diesen Verwerfungen ist
Putin nicht, wie Gerhard Schröder meint, als „lupenreiner
Demokrat", sondern als Autokrat entgegengetreten. Scholl-
Latour: „Vielleicht bedurfte es eines Eingeweihten der sowjetischen Geheimdienste, um Schritt für Schritt die Ordnung
wieder herzustellen, die Macht der ‚neuen Bojaren', der Oligarchen, zu zügeln und in die Trümmer der zerfallenen Sowjetunion den Keim eines neuen russischen Selbstbewusstseins
zu pflanzen." Damit setzte sich der „neue Zar", so der vor keiner klaren und offenen Meinung zurückschreckende Scholl-
Latour, einer systematischen Kampagne durch die Medien
Europas und der USA aus, welche die strategische Konsolidierung der immer noch starken Atommacht Russland durch
interne Subversion und Verhängung von Sanktionen zu hin-
tertreiben suchten.

Man muss kein Putin-Versteher sein, um nachempfinden
zu können, dass der Abschluss einer Wirtschaftsassoziation
der EU mit der Ukraine im Kreml als die Vorstufe einer Ausdehnung der NATO über den Dnjestr und Dnepr hinaus empfunden wird. Schon 2004 musste der Kreml über den Drang
der Atlantischen Allianz nach Osten aufschrecken, als bei der
seinerzeitigen orangen Revolte in der Ukraine mit Hilfe sub-
versiver Nichtregierungsorganisationen (NGOs) und obskurer
Finanzmächte eine Ausweitung der amerikanischen Militärpräsenz in der Ukraine, in Weißrussland, in Georgien, sogar im
zentralasiatischen Kirgistan angestrebt wurde. Demgegenüber
setzte Putin auf die Ukraine als europäische Verankerung der
von ihm angestrebten Eurasischen Union, um sein von einem

westlich-europäischen Zangengriff bedrohtes Rest-Imperium abzusichern.

Peter Scholl-Latour geht auch entschlossen der Frage nach, wie stichhaltig eigentlich die überall im Westen verbreitete Version sei, dass Putin sich durch die Annexion der Krim einer flagranten Verletzung des Völkerrechts schuldig gemacht habe. Er erinnert daran, dass der damalige Generalsekretär der KPdSU, Nikita Chruschtschow, in einem Willkürakt 1954 die Krim der Ukraine „geschenkt" habe, aber dass die Sowjetunion auch weiterhin die Krim als zu Moskau gehörig betrachtet habe.

Auch wenn heute die russische Opposition im Westen die dominierende Aufmerksamkeit genießt, die große Mehrheit der Menschen steht, je schärfer die Attacken aus dem Westen und je einschneidender die wirtschaftlichen Sanktionen werden, hinter Putin. Man kommt nicht umhin, so Peter Scholl-Latour, „die patriotische Grundstimmung einer großen Mehrheit der Russen zu berücksichtigen, die sich nach der Auflösung der Sowjetunion mit einer ganzen Serie von Enttäuschungen und Demütigungen konfrontiert sehen".

Peter Scholl-Latour wusste, dass er sich mit seiner Position, in der Konfrontation um die Ukraine beide Seiten zu sehen und jede prowestliche Einseitigkeit zu vermeiden, sogar dem Vorwurf des Antiamerikanismus aussetzte. Dem hielt er neben seiner familiären Verankerung in den USA – die Schwester mit einem Amerikaner verheiratet und ebenso wie die Mutter amerikanische Staatsbürgerin – entgegen, dass wir in Europa spätestens seit dem zweiten Irak-Feldzug einer umfassenden Desinformation ausgesetzt seien, die in Amerika durch perfekt organisierte Institutionen betrieben werde und die ebenso ernst zu nehmen sei wie die allgegenwärtige und rücksichtslose Überwachung durch die NSA – bis zum Abhören des Mobiltelefons der deutschen Bundeskanzlerin.

Peter Scholl-Latour verwies auf den auffallenden und großen Unterschied zwischen der wirklichen öffentlichen Meinung und der in den Medien veröffentlichten Meinung. Sein Kronzeuge ist Alt-Bundeskanzler Schmidt. Wieder einmal erweise sich Schmidt, hoch angesehener Staatsmann in Deutschland und der Welt, als einsamer Rufer in der Wüste, wenn er sich in der *Bild*-Zeitung darüber gewundert habe, dass manche der westlichen Politiker und viele Medien ganz anders schreiben, als die Deutschen denken. „Die Deutschen", so stellt der Alt-Bundeskanzler fest, „sind bei weitem friedfertiger als die Leitartikler in der ‚Welt', der ‚Frankfurter Allgemeinen', der ‚Bild' und auch meiner eigenen Zeitung, der ‚Zeit'."

An guten und besten Gründen, sich vor antirussischer Einseitigkeit zu hüten, um auch die andere Seite und ihre Positionen und Motive zu verstehen, fehlt es also nicht. Der amerikanischen, der europäischen und der deutschen Politik ist dringend zu raten, sich von jeder Konfrontation zu verabschieden. Nur dann kann der Weg zu Ausgleich und Frieden zwischen West und Ost wieder geöffnet werden. Damit die programmatische Ankündigung aus dem 1994 in Berlin von Russen gesungenen Lied „Deutschland, wir reichen dir die Hand" jene neue und grundsätzliche Friedenswirkung entsteht, an die damals beide Seiten glaubten, die deutsche und die russische. Als 1994 russische Soldaten in Berlin "Deutschland, wir reichen dir die Hand" sangen, konnte man auf ein neues Zeitalter des Friedens zwischen Ost und West hoffen. Diesen Geist gilt es wieder zu beleben.

Amerikanische Irrwege:
Waffen bringen Krieg, nicht Frieden

Im Februar 2015 schien einer Reihe prominenter amerikanischer Politiker die Gelegenheit besonders günstig, den Druck auf die Bundesrepublik Deutschland massiv zu erhöhen und Bundeskanzlerin Angela Merkel dadurch zu nötigen, sich nicht länger gegen Waffenlieferungen an die Ukraine zu sperren. Im Umfeld und auf der Münchener Sicherheitskonferenz erfolgten von amerikanischer Seite Wortmeldungen, die auf ein grundsätzliches Missverständnis schließen lassen – auf jenes nämlich, dass manche Politiker in Washington Deutschland für ein Land ohne eigene Souveränität halten, das sich im Umgang mit der Ukraine-Krise gefälligst den Wünschen und Forderungen der USA zu beugen habe. Tonart und Wortwahl grenzten nicht nur an Unverschämtheit, sie waren unverschämt. Nach Schillers Wort aus seinem „Wilhelm Tell", wonach sich vom sichern Port gemächlich raten lasse – in der Tat sitzt man in Washington im wahrsten Sinne des Worte weit vom Schuss eines europäischen Kriegsschauplatzes –, agitierten amerikanische Senatoren, ranghohe Angehörige der Administration und Politikberater gegen die deutsche Regierungschefin in einer Weise, wie sie von den angeblich besten Freunden Deutschlands nicht hinnehmbar ist. Weil sich Merkel gegen die von Teilen der amerikanischen Politik dringend herbeigesehnte große westliche Waffenlieferungsorgie an die Ukraine sperrt, kommt sie unter Dauerfeuer.

Wortführer dieser Kampagne war und ist der republikanische Senator John McCain. Obwohl bei der Präsidentenwahl in den USA 2008 kläglich gegen Barack Obama gescheitert, spielt er in der amerikanischen Politik, zum Beispiel als Vorsitzender des Streitkräfteausschusses im Senat, eine wichtige Rolle. Im Tonfall eines Kolonialherrn, der eine Untergebene zur Ordnung rufen will, warf er Merkel in einem Interview mit *Berlin direkt* im ZDF vor, sich mit ihrer Ablehnung von Waffenlieferungen an die Ukraine zu verhalten wie die Appeasement-Politiker des

Westens gegen Hitler. Wörtlich: „Ihr Verhalten erinnert mich an die dreißiger Jahre." Das Verhalten Europas im Ukraine-Konflikt sei für ihn, obwohl er „nichts anderes erwartet habe", eine riesige Enttäuschung. Und wieder wird dann auf Merkel eingeschlagen: „Wenn man sich die Haltung der deutschen Regierung anschaut, könnte man meinen, sie hat keine Ahnung oder es ist ihr egal, dass Menschen in der Ukraine abgeschlachtet werden." Damit nicht genug, legte McCain noch nach: „Ich würde die Kanzlerin fragen: Wie viele Menschen müssen noch in der Ukraine sterben, bevor wir ihnen helfen, sich zu verteidigen? Weiß sie denn gar nicht, wo die Waffen für die Separatisten und die Truppen herkommen? Will sie einfach nur zuschauen, wie ein Land in Europa zum ersten Mal seit dem Zweiten Weltkrieg zerstückelt wird?"

McCain stand mit seinem Wüten gegen die deutsche Bundeskanzlerin nicht allein. Sein Senatskollege Lindsey Graham, in den Reihen seiner republikanischen Partei zu den möglichen Präsidentschaftskandidaten zählend und ebenfalls Mitglied im Streitkräfteausschuss des Senats, warf Angela Merkel vor, wegen ihrer Ablehnung von Waffenlieferungen an die Ukraine „einen großen Fehler" zu machen. Immerhin gestand Graham den Deutschen bei der Münchner Sicherheitskonferenz zu, „ein guter Verbündeter" zu sein. Trotzdem kritisierte der Senator aus South Carolina Merkel, weil sie die Meinung vertritt, dass Waffen in der Ukraine die Situation nicht besser machen könnten. Er sehe dies anders: „Wir dürfen diesen Menschen nicht den Rücken zukehren. Aber genau das tut ihr." In seine moralische Druckkulisse baute Graham auch die Erinnerung daran ein, dass die Amerikaner den Deutschen während des Kalten Krieges Schutz vor der Sowjetunion geboten hätten: „Wenn Menschen dafür kämpfen, frei zu sein, müssen wir alles tun, ihnen zu helfen – so wie wir alles getan haben."

Neben aktiven Politikern greift Washington auch auf prominente Ruheständler zurück, um die Deutschen mit allem Einsatz auf die Seite der Waffenlieferungs-Willigen zu bringen. Die ehemalige US-Außenministerin Madeleine Albright hat in dieser Riege der Drängler einen wichtigen Platz, auch weil sie sich nicht mehr unter dem Zwang sieht, sich einer zurückhaltenden diplomatischen Sprache zu befleißigen. Von *Spiegel Online* gefragt, ob die US-Regierung auch schwere tödliche Waffen liefern sollte, kam eine klare Antwort: „Ja, dafür trete ich öffentlich ein." Als Beispiel nennt sie panzerbrechende Waffen, „die gegen diejenigen Waffen wirken, die aus Russland" kommen. Frau Albright, die auf ihre engen Kontakte zur Ukraine hinweist und davon berichtet, dass sie im Jahre 2014 bei den Wahlen in Kiew und auch bei den Demonstrationen auf dem Maidan gewesen sei, sieht alle Schuld an dem Ukraine-Konflikt auf russischer Seite. Auf die Frage, ob Waffenlieferungen nicht einen neuen Zyklus der Gewalt auslösen und wie die Russen reagieren würden, antwortete sie: „Das weiß ich nicht, sie handeln jedenfalls nicht sehr verantwortungsvoll." Das Wiederauftauchen von Madeleine Albright auf der politischen Bühne mitsamt ihren harten politischen Positionen lässt die Erinnerung an ein Fernsehinterview aufkommen, in dem ihr die Frage, ob das amerikanische Embargo gegen den Irak, dem eine halbe Million irakischer Kinder zum Opfer gefallen seien, diesen Preis wert gewesen wäre. Die kühle und herzlose Antwort: „Es ist diesen Preis wert." In ihrer Autobiographie hat sie diese Aussage später als „politischen Fehler" bezeichnet.

Wichtige Senatoren, ehemalige Regierungsmitglieder und auch hochrangige Mitarbeiter der amerikanischen Administration sind zur Stelle, wenn es darum geht, die Europäer im Allgemeinen und die Deutschen im Besonderen für Waffenlieferungen in die Ukraine weichzuklopfen. In München hatte bei der Sicherheitskonferenz 2015 Victoria Nuland, Abteilungsleiterin für europäische und eurasische Angelegenheiten im US-Außenministerium, eine bedeutsame Rolle. *Bild.de* berichtete dazu von einem Treffen „hinter gut gedämmten Türen", bei dem es darum ging, die angereisten US-Politiker auf die Konferenz vorzubereiten und mit Argumenten zu versehen. So wird davon berichtet, dass Nuland über die Zurückhaltung der Europäer bei Sanktionen gegen Putin herzog: „Sie fürchten sich vor Schäden für ihre Wirtschaft, vor Gegensanktionen der Russen." Bei der Sicherheitskonferenz sollten die Europäer zu einer schärferen Gangart gedrängt werden. Victoria Nuland übernahm den Part der Einpeitscherin: „Wir können gegen die Europäer kämpfen, rhetorisch gegen sie kämpfen." Weil man die Katze mit den schweren Waffen nicht aus dem Sack lassen wollte, empfahl Nuland, dass man den zögerlichen Politikern aus Deutschland und anderen Ländern klarmachen müsse, dass die USA lediglich defensive Waffen an die Ukrainer liefern wolle, um das Ungleichgewicht an der Frontlinie etwas auszugleichen. Zwischen Albright und Nuland hatte es vorher offensichtlich an Abstimmung gemangelt.

Dass Victoria Nuland überhaupt als Repräsentantin der USA bei einer wichtigen Konferenz in Europa als Vertreterin ihres Landes auftreten kann, ist wundersam. Am 4. Februar 2014 wurde unter dem Titel „Die Marionetten des Maidan" auf der Video-Plattform YouTube von einem aufschlussreichen Telefongespräch berichtet. Victoria Nuland unterhielt sich dabei mit Geoffrey R. Pyatt, dem damaligen US-Botschafter für die Ukraine. Thema des Gesprächs der beiden Diplomaten war die Frage, wie man die neue Regierung in Kiew am besten in amerikanischem Interesse besetze und welche Oppositionspolitiker man dabei in Stellung bringen sollte. Nuland war ärgerlich darüber, dass „Klitsch" (Klitschko) in die neue ukrainische Regierung eintreten solle. Sie sei für „Yats" (Jazenjuk), den sie für einen geeigneten Ministerpräsidenten halte. Gesprächspartner Pyatt war zufrieden damit, dass sie Jazenjuk da platziert habe, „wo dieser am besten in das Szenario passt". Dann sprachen die beiden darüber, die Regierungsbildung in Kiew voranzutreiben und die Mitwirkung der EU zu unterminieren. Sie habe dazu, so die famose Frau Nuland, den stellvertretenden UN-Generalsekretär für politische Angelegenheiten, Jeffrey Feltman, gebeten, dass der Nahost-Beauftragte von Ban Ki-moon, Robert Serry, intervenieren solle. Nuland zu Pyatt: „Ich denke, das wäre sehr gut, um zu helfen, die Sache festzumachen und auch, dass die UN dabei helfen, sie festzumachen, und du weißt schon…Scheiß auf die EU (Fuck the EU)." Pyatts Erwiderung: „Oh, genau, und ich denke, wir müssen etwas machen…"

War schon dieser Vorfall erhellend und peinlich genug, noch peinlicher wurde er durch die Erklärungen des amtlichen Washingtons. Obamas Sprecher Jay Carney deutete an, dass hinter der Veröffentlichung dieses Gesprächs Russland stecke, sei es doch mit russischen Untertiteln versehen auf YouTube verbreitet worden. Diesen Worten schob Carney noch die klägliche Aussage nach, dass dies „etwas über die Rolle Russlands aussage". Dabei fehlt Washington beim Thema Abhören wirklich jedes Recht zu moralischer Entrüstung! Ein Dementi des Weißen Hauses aber gab es nicht, weil die offenkundige Wahrheit nicht zu dementieren war. Das US-Außenministerium erklärte, Nuland habe sich bei ihren EU-Gesprächspartnern entschuldigt. Zudem dürfe das Geschehen nicht überbewertet werden, weil Nulands Bemerkungen nicht widerspiegelten, was sie tatsächlich über die Beziehungen der USA zur EU dächte. Drei Tage nach Veröffentlichung der üblen Schmähung der EU ließ Bundeskanzlerin Angela Merkel wissen, dass die Beleidigung der EU durch Victoria Nuland „absolut nicht akzeptabel" sei.

Damit mochte die skandalöse Angelegenheit vielleicht im Westen – bis zum Wiederauftauchen Nulands bei der Münchner Sicherheitskonferenz und ihrem Treiben dort – weitgehend erledigt und vergessen sein, im Osten und in Moskau war sie es nicht. Dafür war dieses Gespräch zweier wichtiger amerikanischer Diplomaten auch zu erhellend. Staatspräsident Putin und seine Regierung hatten hier eine eklatante Bestätigung ihrer Sicht auf das Geschehen in der Ukraine. Immer wieder wird in Moskau auf die treibende und tragende Rolle der USA hingewiesen, ohne die es weder den Aufstand auf dem Maidan noch die verfassungswidrige Vertreibung von Staatspräsident Janukowitsch gegeben hätte. Und Moskau wird auch nicht müde, auf den Zusammenhang zwischen der unangemessenen Behandlung der großen russischsprachigen Minderheit in der Ostukraine und den darauf folgenden militärischen Auseinandersetzungen in den Regionen Donezk und

Luhansk hinzuweisen. Auch hier, so der Kreml, sei ursächlich die Einmischung der USA in innerukrainische Angelegenheiten mitschuldig. Wenn der Westen diese Einschätzung, in Politik wie Medien, entrüstet zurückweist, dann liefert das entlarvende Gespräch Nulands mit Botschafter Pyatt mehr als ein Indiz, es liefert einen handfesten Beweis, wie selbstverständlich Washington mitbestimmt, wie und mit welchen Personen in Kiew Regierungen gebildet werden und Politik gemacht wird. Zusätzlich werden die russischen Annahmen in diesem Zusammenhang auch dadurch glaubwürdig, dass zum einen der Skandal um Nuland im Westen so schnell vergessen wurde und dass sie selbst unangefochten und mit gestiegenem Einfluss im amerikanischen Außenministerium eine wichtige Rolle spielt. Hätte es sich um die absurde Entgleisung einer verwirrten und verirrten Einzelgängerin gehandelt, Victoria Nuland wäre längst diskret aus den Diensten des State Department entfernt worden. Für Nulands professionelle Eiseskälte spricht im Übrigen, dass sie die Abhöraktion, durch die ihre Mitwirkung an der Regierungsbildung in Kiew und ihre unsägliche Verunglimpfung der EU an den Tag kamen, als „ziemlich eindrucksvolle Spionagearbeit" würdigte.

Noch einmal zur Münchner Sicherheitskonferenz 2015. An dem Gespräch hinter verschlossenen Türen zur Vorbereitung der amerikanischen Delegation, über das *Bild.de* berichtete, nahm auch der amerikanische Vier-Sterne-General Philip Breedlove teil. Er berichtete der von Victoria Nuland eingewiesenen Runde, dass die Lieferung von Systemen zur Erkennung und Abwehr von Artilleriefeuer an die ukrainische Armee möglich sei. Zudem bräuchten die Ukrainer Technik für sichere Kommunikation zwischen den verschiedenen Truppenteilen. Auch unbemannte Drohnen zur Überwachung der prorussischen Separatisten könnten Bestandteil eines militärischen Pakets sein. Zur Erinnerung: Breedlove ist nicht nur amerikanischer General, sondern auch NATO-Oberbefehlshaber. Man sieht also, welchen Kampf Bundeskanzlerin Merkel zu bestehen hat, um Waffenlieferungen der NATO und damit eine engere Einmischung des Bündnisses in den ukrainischen Bürgerkrieg zu verhindern oder gar in einen militärischen Konflikt mit Russland zu geraten.

Im März 2015 ging das kriegsfreudige Reden des amerikanischen Generals auch der Bundesregierung zu weit. Nicht nur Deutschland, auch andere NATO-Mitgliedstaaten warfen dem NATO-Oberbefehlshaber vor, über die Vorgänge in der Ukraine falsch zu berichten, und darüber hinaus „gefährliche Propaganda" zu treiben. Außenminister Frank-Walter Steinmeier soll bei Jens Stoltenberg, dem Generalsekretär des Bündnisses, Nachfragen zu Breedlove gestellt haben. Bei einer NATO-Konferenz im lettischen Riga sagte Steinmeier mit diplomatischer Zurückhaltung, dass Auskünfte, die Deutschland aus eigenen Quellen über die Ukraine bekomme, „nicht völlig übereinstimmten mit Auskünften, die entweder von der NATO oder von amerikanischer Seite kamen". Da Deutschland, so der Außenminister, keinerlei Interesse habe, dass sich daraus Zwistigkeiten ergäben, sei es wichtig, dass die EU und die USA bei der Einschätzung von Risiken „eng beieinander bleiben". Auch bei einem Treffen des NATO-Rats in Brüssel äußerten mehrere Botschafter Kritik am öffentlichen Auftreten des Oberbefehlshabers in der Ukraine-Frage. Breedlove, so der Vorwurf in den Hauptstädten des Bündnisses, übertreibe, was die militärische Rolle Russlands in der Ostukraine und die russische Aggression angehe. Noch bevor die Kritik an dem amerikanischen Vier-Sterne-General öffentlich wurde, hatte er erklärt, dass Russland in der Ostukraine „über tausend Kampffahrzeuge, Soldaten sowie Luftverteidigung und Artillerie stationiert" habe. Ohne seriöse Untermauerung lässt der oberste Militär des Atlantischen Bündnisses die Öffentlichkeit immer wieder gezielt über die Medien wissen, dass es russische Truppenkonzentrationen an der ukrainischen Grenze gebe und eine russische Aggression in der Republik Moldau möglich sei. Der Ärger im Bündnis ob solchen Schwadronierens ist verständlich.

Zu diesen Äußerungen des amerikanischen Generals passt auch, dass US-Außenminister John Kerry im Februar 2015 bei einem Besuch in Kiew zum heißen Thema Waffenlieferungen geradezu tröstend wissen ließ, dass der amerikanische Präsident in dieser Frage „bald" entscheiden werde. Noch lehnt Obama Waffenlieferungen ab, sicherlich auch unter Einfluss von Bundeskanzlerin Merkel. Der neue US-Verteidigungsminister Ashton Carter nimmt unter dem Duck der „Falken" im Senat unter Führung von John McCain eine Position des Lavierens zwischen Ja und Nein zu Waffenlieferungen ein. Er denke an die Lieferung von „Verteidigungswaffen", wo immer hier die Abgrenzung zu anderen – welchen? – Waffen erfolgen soll. Auch die Feststellung Carters, Washington müsste die Ukraine unterstützen, „damit sie sich selbst verteidigen kann", lässt viele Fragen, aber auch viele und große Risiken offen.

„Deutschland, wir reichen dir die Hand..." – 1994 wurde dies von Tausenden russischer Soldaten bei ihrem Abschied aus Deutschland gesungen, voll Freude und Zuversicht wurde auf deutscher Seite diese Botschaft aufgenommen. Wenn man die damalige Situation mit der des Jahres 2015 vergleicht, muss man sich immer wieder fragen, in welche falsche Richtung sich die Beziehungen zwischen Deutschland und Russland, zwischen dem westlichen Europa und Russland entwickelt haben – und warum. Damals glaubte man an den Beginn eines neuen und wahrhaft friedlichen Zeitalters. Dabei war zu diesem Zeitpunkt die große Chance bereits vertan, zu einem wirklichen historischen Ausgleich zwischen Moskau auf der einen und Europa und USA auf der anderen Seite zu kommen. Der Zeitpunkt, als die politischen Verhältnisse, in europäischer und in globaler Dimension, auf die schiefe Ebene gerieten, lag im Februar 1990. Was in jenen Tagen zwischen Moskau, Washington und Berlin geschah, ist auch ein Vierteljahrhundert später ein besonders verwickeltes und widersprüchliches historisches Geschehen. Um seine Aufklärung hat sich wohl kaum jemand so verdient gemacht, wie die amerikanische Historikerin Mary Elise Sarotte, Professorin an der University of Southern California. In ihrem 2009 erschienen Buch „1989: The Struggle to Create Post-Cold War Europe" geht sie der entscheidenden Frage nach: Welche Vereinbarungen wurden zwischen dem Westen und Moskau im Zusammenhang mit der Wiedervereinigung Deutschlands und der Ausdehnung der NATO in Richtung Osten beschlossen? Die Antwort auf diese Frage fällt zwiespältig aus, je nachdem, ob man sie aus östlichem oder westlichem Blickwinkel sieht.

Unstrittig ist, dass Helmut Kohl seinem Partner Michail Gorbatschow gegenüber davon sprach, dass eine Wiedervereinigung Deutschlands keineswegs eine Ausdehnung des Atlantischen Bündnisses in Richtung Osten bedeute. Ähnliches sicherte Außenminister Hans-Dietrich Genscher auch seinem sowjetischen Kollegen Eduard Schewardnadse zu. Der damalige US-Außenminister James Baker berichtet aus einem Gespräch mit Gorbatschow in Moskau über bemerkenswerte Fragen, die er gestellt habe: „Wäre Ihnen ein vereintes Deutschland außerhalb der NATO lieber, unabhängig und ohne US-Streitkräfte, oder ein vereintes Deutschland, das an die NATO gebunden ist, und dazu die Zusage, dass der NATO-Einflussbereich nicht einen Zoll weiter nach Osten ausgedehnt würde von der jetzigen Position?" Baker hinterließ und gewann am 9. Februar 1989 in diesem Gespräch den Eindruck, dass „jede Ausweitung der NATO-Zone inakzeptabel wäre". Jack Matlock, damaliger Botschafter der USA in Moskau, ging ebenfalls davon aus, dass der sowjetische Generalsekretär Michail Gorbatschow die „eindeutige Zusage" bekommen habe, „dass die NATO-Grenzen nicht nach Osten verschoben würden, wenn Deutschland sich vereinigen und in der NATO bleiben würde". Später relativierte der Diplomat seine Schilderung, um wieder die offizielle amerikanische Linie herzustellen, und wollte von einem westlichen Versprechen nichts mehr wissen.

Kohl, Genscher und Baker hatten ihre Rechnung aber ohne den amerikanischen Präsidenten George H. W. Bush gemacht. Die Sicherheitsberater des Präsidenten hatten auch eine andere Position als Außenminister Baker, der sich dann auch auf die Seite seines Präsidenten schlug. In einem Brief an Kohl schrieb Bush, wohl bewusst vieldeutig, er sei bereit, der ehemaligen

DDR im vereinten Deutschland einen "speziellen militärischen Status" zu verleihen. Von einem Ausschluss einer NATO-Ausdehnung war jedoch in dem Schreiben keine Rede.

Trotz dieser Ungewissheit, in der Kohl nicht die Macht dazu hatte und von Gorbatschow auch nicht danach gefragt worden war, ob er als deutscher Bundeskanzler für die NATO oder gar für die USA sprechen könne, kam es zur Einigung zwischen Bonn und Moskau. Das Tor zur deutschen Einheit wurde geöffnet. Und die NATO-Erweiterung begann. Davor hatte Präsident Bush auf seinem Landsitz Camp David Bundeskanzler Kohl klar gemacht, dass man Gorbatschow nicht entgegenkommen müsse. Bushs abschließend kräftig-amerikanisches Wort: „Zur Hölle damit! Wir haben uns durchgesetzt, sie nicht."

Die Zweideutigkeit in dieser zentralen Frage hält bis heute an. Russland geht davon aus, dass es verlässliche, wenn auch nur mündlich gegebene Zusagen für eine Nichtausdehnung der NATO nach Osten im Zusammenhang mit der deutschen Wiedervereinigung gegeben habe. Der Westen, Europa gemeinsam mit den USA, hält dem entgegen, dass es für einen solchen Verzicht keine verbindliche schriftliche Vereinbarung gegeben habe. Die tiefen Verletzungen auf russischer Seite aber sind geblieben. Der russische Außenminister Sergej Lawrow behauptet nach wie vor, dass die Sowjetunion die Wiedervereinigung zwar erlaubt, den USA aber als Gegenleistung das Versprechen abgenommen habe, die NATO nicht zu erweitern. Die USA, so die Moskauer Sicht, hätten dieses Versprechen und eine eingegangene „politische Verpflichtung" gebrochen.

Die Frage der NATO-Osterweiterung, obwohl diese Ausdehnung in den letzten Jahrzehnten mit aller Macht und allumfassend vollzogen wurde, blieb offen, und sie blieb eine offene Wunde für Russland. Man fühlte sich über den Tisch gezogen. Die Buchstaben eines Vertrags standen dieser Ausdehnung zwar nicht entgegen, wohl aber, so Moskau, der Geist, in dem es die Wiedervereinigung Deutschlands zugelassen und dabei selbstverständlich von einer Nichtausdehnung der

Atlantischen Allianz ausgegangen war. Dennoch hielt Moskau still und nahm eine Entwicklung hin, die es aus seiner Sicht als Einkreisung verstehen konnte und vielleicht auch musste. Als sich aber auch die Ukraine auf den Weg in die NATO machte, dazu noch vom Westen gelockt und ermutigt, konnte Russland nicht länger stillhalten. Nicht nur Wladimir Putin, auch kein anderer russischer Präsident hätte es zulassen können, dass beispielsweise der geschichtsträchtige russische Flottenstützpunkt Krim eines Tages unter einem von den USA dominierten NATO-Kommando stehen könnte. Genau dorthin aber war die Ukraine unterwegs, animiert und – siehe Victoria Nuland – tatkräftig unterstützt von den USA.

Natürlich müsste ein dauerhafter und friedlicher Ausgleich zwischen Europa und Russland, wenn er auch zur Sicherung globaler Stabilität beitragen soll, die Vereinigten Staaten von Amerika einschließen. Ob dazu in Washington die entsprechende Bereitschaft gegenüber Moskau besteht, muss zumindest bei einer beachtlichen Reihe amerikanischen Politiker bezweifelt werden. Dies ergibt sich auch aus dem massiven antirussischen Medien- und Propagandaeinsatz, der von den USA ausgeht. Wenn westliche, auch europäische, Medien Stellung zur Ukraine beziehen, geht der Blick auf das Ganze des Konflikts und damit auf die russische Bewertung der Dinge in aller Regel verloren.

Auch hierin spiegelt sich amerikanischer Einfluss. Ein Beispiel dieser amerikanischen Stimmungsmache: Der ehemalige Schachweltmeister und als scharfer Kritiker von Wladimir Putin bekannte Garri Kasparow hat sich Anfang März 2015 in hasserfüllter Weise über den russischen Präsidenten ausgelassen: „Man kann mit diesem Krebsgeschwür nicht verhandeln. Nur wenn Putin weg ist, kann Russland ein freies, starkes und unabhängiges Land sein, von dem Boris Nemzow immer träumte." Dass sich Kasparow so äußert, ist weniger auffällig als die Bühne, auf der dies geschah: Es musste eine Anhörung im US-Senat in Washington und damit eine gezielte Inszenierung sein, um der Attacke auf Putin möglichst weltweite

Publizität zu verschaffen. Man stelle sich diesen Vorgang einen Augenblick unter umgekehrten Vorzeichen vor: Das russische Parlament, die Duma, lädt einen prominenten amerikanischen Staatsbürger ein, um ihm die Gelegenheit zu geben, den amerikanischen Präsidenten Barack Obama als „Krebsgeschwür" zu schmähen und seine Beseitigung zu fordern – wie kann man das Wort „nur wenn Putin weg ist" anders interpretieren!

Zur Rolle der USA im Streit um die Ukraine mit Russland kommt hinzu, dass Washington über eine reiche Erfahrung im Krieg der Worte verfügt. Auch so ist leichter zu verstehen, warum über einzelne Untaten im Kampf zwischen der ukrainischen Armee sowie die auf ihrer Seite kämpfenden freiwilligen Milizen und den separatistischen Kämpfern das Urteil im Westen sofort feststeht – die Schurken im Stück sind immer die Separatisten, die Unschuldigen die ukrainischen Truppen. Dass die Wahrheit in einem Krieg immer auf der Strecke bleibt, ist zwangsläufig der Parteilichkeit derer geschuldet, die sich in waffenstarrender Feindschaft gegenüberstehen. Von außen indessen sollte in einer freiheitlichen Welt, die sich auf die Objektivität ihrer Medien soviel zugute hält, ein gewisses Maß an Neutralität in der Beobachtung und Bewertung eines Krieges, seiner Ursachen und Begleitumstände aufgebracht werden.

An Indizien, welche die Meinung von separatistisch-russischer Kriegswut auf der einen und ukrainischer Friedfertigkeit auf der anderen Seite als Märchen entlarven, fehlt es nicht. Nach eigener Bekundung hätten ihm, so Ministerpräsident Jazenjuk, die Wähler den Auftrag erteilt, die östlichen Provinzen mit Waffengewalt heimzuholen. Deshalb: „Unsere Aufgabe Nummer eins ist es, eine Armee aufzubauen, die stark genug ist, um die Russen aufzuhalten." Offensichtlich fehlt es an dieser militärischen Stärke der Ukraine erheblich, auch die von Oligarchen geführten und finanzierten Privatarmeen reichen als Hilfstruppen nicht aus. Das bedeutet, dass ohne konkrete amerikanische Hilfe nichts geht. So scheint schon jetzt die amerikanische Militärpräsenz im Land deutlich größer zu sein als öffentlich diskutiert. Auch westliche Geheimdienste bestätigen die russische Behauptung, dass rund 2000 amerikanische Militärberater den ukrainischen Streitkräften helfen. Diese Zahl wäre höher als jene der US-Militärberater, die im Irak den Kampf gegen den „Islamischen Staat" im Nahen und Mittleren Osten unterstützen.

Nun ist das Verhältnis zwischen Krieg und Wahrheit in den USA deshalb besonders problematisch, weil schon bei der Begründung von Kriegen, die dann in der Regel verloren gehen und auch Zehntausende und mehr amerikanische Opfer fordern, die Wahrheit keine und die Lüge eine große Rolle spielt. Alle, die es damals im Fernsehen sahen und die Bilder darüber in den gedruckten Medien bestaunten, werden sich an dieses ebenso verlogene wie tragische Schauspiel erinnern: US-Außenminister Colin Powell hatte am 5. Februar 2003 seinen großen weltpolitischen Auftritt vor dem Sicherheitsrat der Vereinten Nationen. Seine Aufgabe war es, der Welt darzulegen, dass sich der irakische Diktator Saddam Hussein im Besitz von chemischen und biologischen Massenvernichtungswaffen befindet und deshalb ein Krieg gegen ihn unvermeidbar sei. Ausgestattet mit einem an altmodischen Schulunterricht erinnernden Zeigestock erläuterte Powell den Völkern der Welt 3D-Computergrafiken von Lastkraftwagen, die als mobile C-Waffen-Fabriken im Irak dienten. Powell zeigte dem Sicherheitsrat auch eine Kaufvereinbarung des Irak-Regimes mit der Regierung von Niger über die Lieferung von waffenfähigem Plutonium. Es kam zu dem von den USA betriebenen Irak-Krieg mit seinen unfassbaren menschlichen Opfern und einer politischen Erblast, die bis heute verheerend und kriegstiftend auf dem Nahen und Mittleren Osten liegt.

Dabei war der von Powell mit großer persönlicher Glaubwürdigkeit vorgeführte Nachweis für irakische Massenvernichtungswaffen ebenso falsch wie das Plutonium-Kaufdokument. Schon im Mai 2003 erklärte der damalige US-Vizeaußenminister Paul Wolfowitz in einem Interview in dem Magazin *Vanity Fair* mit beeindruckendem Zynismus, dass die Frage irakischer Massenvernichtungswaffen vor allem aus politischen Gründen als Rechtfertigung der Invasion im Irak genutzt worden sei. In Wirklichkeit sei dies nur Vorwand, nie der wichtigste Kriegsgrund für die USA gewesen. Vielmehr habe sich die Regierung Bush auf dieses Thema konzentriert, weil dies ein Kriegsgrund gewesen sei, dem die „Bürokratien" des Pentagon, des Außenministeriums und des Sicherheitsrats des Präsidenten hätten zustimmen können. Drei Jahre später, der Krieg hatte seine Zehntausende von Opfern gefordert und Zerstörungen unvorstellbaren Ausmaßes angerichtet, erklärte die amerikanische Regierung mit großer Kaltschnäuzigkeit die Suche nach Massenvernichtungswaffen im Irak für eingestellt – es gab sie nicht und deshalb wurden keine gefunden. Colin Powell stand als Lügner da.

Im September 2005 erklärte Powell, dessen Ehrenhaftigkeit und Integrität von keiner Seite bestritten wurde und der sich auf Informationen der amerikanischen Geheimdienste verlassen hatte, seine Präsentation vor den Vereinten Nationen als „Schandfleck" seiner Karriere.

Wer in unseren Tagen glaubt, dass amerikanische Informationen und Nachrichten zum Krieg um die Ukraine in jedem Fall der Wahrheit entsprechen, sollte sich gelegentlich an die erfundene amerikanische Begründung für den Eintritt in den Irak-Krieg erinnern. Oder, noch weiter zurück, an den vor einem halben Jahrhundert begonnenen Vietnamkrieg. Die damals für die Vereinigten Staaten und die Regierung von Präsident Lyndon B. Johnson kriegsauslösende Ursache war ein Angriff nordvietnamesischer Boote auf ein amerikanisches Kriegsschiff im Golf von Tonking. Ob und wie dieser Angriff stattgefunden hat, ob es eine oder zwei Attacken waren, ist bis heute umstritten. Der damalige US-Verteidigungsminister Robert McNamara berichtet in seinen Memoiren von einem Besuch, den er 1995 dem nordvietnamesischen General Vo Nguyen Giap in Hanoi abgestattet hatte. Dieser habe ihn davon überzeugt, dass es keinen zweiten Angriff auf den US-Zerstörer „Maddox" gegeben habe, auf den sich die USA zur Begründung ihres Eintritts in einen Krieg berufen hatten, der für sie zu einer historischen Katastrophe wurde. Wäre er sich dessen 1964 sicher gewesen, so sagte McNamara am 11. November 1995 der *Washington Post*, „hätte es keine Vergeltungsschläge gegen Nordvietnam gegeben". Der amerikanische Vietnam-Krieg wäre ausgefallen.

Sanktionen gegen Russland:
Schaden für alle, Nutzen für niemand

Sergei Naryschkin ist ein wichtiger Mann im politischen Gefüge Russlands. Er ist Vorsitzender des Parlaments, der Staatsduma. Bei Walentina Iwanowna Matwijenko verhält es sich ähnlich, sie spielt als Vorsitzende des Föderationsrats der Russischen Föderation eine nicht unbedeutende Rolle. Mit den beiden zu reden, müsste also gerade in einer Zeit wichtig sein, in der es zwischen dem Westen und Russland Spannungen wegen der Ukraine-Krise gibt, die bis an den Rand eines Kriegs reichen. Nur durch Verhandlungen und Gespräche könnte die gefährliche politische Temperatur, die zwischen Ost und West zurzeit herrscht, gesenkt werden. Vielleicht wäre zerstörtes Vertrauen in winzigen Schritten zurückzugewinnen. Zumindest bestünde die Möglichkeit, Einblick in die Position und Beweggründe der anderen Seite zu bekommen. Obwohl Naryschkin und Matwijenko dafür geeignete Gesprächspartner für europäische und amerikanische Politiker wären, ist reden mit ihnen nicht möglich: Beide finden sich mit Dutzenden anderer wichtiger Personen aus Politik, Wirtschaft und Medien Russlands auf westlichen Sperrlisten. Im Zuge der in Brüssel und Washington gegen die Russische Föderation verhängten Sanktionen besteht gegen die beiden ein Einreiseverbot und, ob sie überhaupt davon betroffen sein mögen oder nicht, eine Vermögenssperre.

Es ist mehr als verständlich, dass über Sinn und Zweck dieser zivilen Kriegsführung – als solche können die Sanktionen durchaus angesehen werden – die Meinungen außerordentlich gespalten sind. Moskau sieht damit jene feindliche und auf den Schaden Russlands gerichtete Haltung des Westens bewiesen, von der man schon immer ausgegangen ist. Und selbst im Westen wachsen die von Beginn der Sanktionen an vorhandenen Zweifel hinsichtlich ihrer Wirksamkeit stetig. Dies gilt bei Sanktionen gegen Personen genauso wie bei solchen gegen die Wirtschaftsbeziehungen zu Russland.

Die Liste der Namen von Personen mit Einreiseverbot und Vermögenssperre ist teilweise mehr als grotesk. Es mag sein, dass man als Folge der Konfrontation um die Ukraine Denis Puschilin, den Sprecher der Separatisten in der Volksrepublik Donezk, oder Walerij Bolotow, den Anführer der Separatistengruppe „Armee des Südostens" nicht in Brüssel oder Washington haben will, obwohl es andererseits sogar sinnvoll sein könnte, das Denken und die Motive dieser Männer kennenzulernen. Verständnis kann man auch dafür haben, dass eine Reihe hochrangiger russischer Militärs nicht willkommen sind. Was aber spricht dagegen, mit den stellvertretenden russischen Ministerpräsidenten Dmitri Olegowitsch Rogosin und Dmitri Nikolajewitsch Kosak, mit dem Präsidentenberater Wladislaw Jurjewitsch Surkow, dem ersten stellvertretenden Stabschef der Präsidialverwaltung Wjatscheslaw Wiktorowitsch Wolodin oder mit Wladimir Michailowitsch Dschabarow, dem ersten stellvertretenden Vorsitzenden des Ausschusses für internationale Angelegenheiten des russischen Föderationsrats, zu reden? Oder auch, weil die Medien und der Krieg über die Medien in der ukrainischen Krise so wichtig sind, mit Dmitri Konstantinowitsch Kisseljow, dem Leiter der Nachrichtenagentur Rossija Sewodnja? Oder sind russische Oligarchen und Wirtschaftsführer wie Gennadi Nikolajewitsch Timtschenko oder Arkadi Romanowitsch Rotenberg als Gesprächspartner moralisch weniger qualifiziert und deshalb sanktionswürdiger als ihre ukrainischen Kollegen Dmitri Firtasch und Rinat Achmetow? Zu Letzteren und von ihnen offensichtlich bezahlt hat sich eine prominente Hilfstruppe aus europäischen Ländern – der einstige SPD-Kanzlerkandidat Peer Steinbrück als Aushängeschild – auf den Weg gemacht, um der Ukraine auf die Beine zu helfen. Russischer Oligarch böser Oligarch – ukrainischer Oligarch guter Oligarch? Obwohl beide vor dem Zusammenbruch des alten Wirtschaftssystems aus Zeiten der Sowjetunion von ihrem heutigen Dasein als Milliardär gleichermaßen weit entfernt waren? Und obwohl vor allem von jenen Menschen, die in Russland wie in der Ukraine in Armut und wirtschaftlicher Bedrängung leben, dieser sagenhafte und provozierende ökonomische Aufstieg einiger weniger Profiteure des Systemwechsels nur mit Erbitterung gesehen werden kann.

Nach der Sezession der Krim und nach ihrem Anschluss hat der Westen Sanktionen gegen Russland als das vermeintlich entscheidende politische Kampfmittel im Streit um die Ukraine entdeckt. Vor allem die Vereinigten Staaten drängten die Europäer mit Härte dazu, diesen Krieg der Sanktionen gegen Moskau zu beginnen. Washington ist es auch, das sich nicht nur gegen Lockerungen oder gar Rücknahmen dieser Maßnahmen sperrt, sondern die Schraube immer weiter anziehen will. Man könnte von einem Wirtschaftskrieg zu Lasten anderer sprechen: Für die USA spielt der wirtschaftliche Austausch, spielen auch Investitionen in Russland eine weit geringere Rolle als dies für die europäischen Länder und darunter im Besonderen auch für Deutschland der Fall ist. In dieses Bild des eigenen Nichtbetroffenseins passt, dass Washington die EU-Staaten unverdrossen und unaufhaltsam drängt, die Sanktionen gegen Russland auf jeden Fall aufrechtzuerhalten und, wenn möglich, zu verschärfen. Bei einem Hearing im US-Kongress wurde Mitte März 2015 ein weiteres Mal darüber beraten, wie man die Europäer, aber auch den eigenen Präsidenten Barack Obama, noch konsequenter auf eine antirussische Linie bringen könnte. Begleitet von den üblichen Schmähungen gegen den russischen Präsidenten – Putin sei ein „Krimineller" – durch Senatoren, kündigte Victoria Nuland, als Staatssekretärin im US-Außenministerium für Europa zuständig, weitere Reisen über den Atlantik an, um in bilateralen Gesprächen dafür zu sorgen, dass die Anti-Russland-Front in Europa stark und hart bleibe. Dass die amerikanische Regierung es noch wagt, Victoria Nuland, die mit dem Wort „Scheiß auf die EU" berühmt und berüchtigt geworden ist, als Gesprächspartnerin Washingtons in die Hauptstädte der Europäischen Union zu schicken, zeigt, welche Wertschätzung man in manchen Kreisen der USA für Europa hat.

Außerhalb des hitzigen politischen Klimas der US-Hauptstadt gibt es zur Sanktionspolitik des Westens gegen Russland, die von den USA an erster Stelle betrieben wird, auch wichtige mahnende und warnende Stimmen. So ist es bemerkenswert, dass von herausragenden wirtschaftswissenschaftlichen Köpfen in den USA massive Kritik an der Sanktionspolitik geübt und ihre Wirksamkeit in Frage gestellt wird. Gary Clyde Hufbauer gehört zu den prominentesten Ökonomen im amerikanischen Wissenschafts- und Universitätsleben. Aufgefallen ist er auch dadurch, dass er insgesamt 174 Fälle von Wirtschaftssanktionen seit dem Ersten Weltkrieg untersucht hat. Seine Kompetenz zur Beantwortung auf die von *Zeit Online* gestellte Frage, wie wahrscheinlich es sei, dass die Sanktionen Europas und der USA Russlands Unterstützung der Separatisten in der Ostukraine stoppen könnten, hat also Gewicht. Diese Antwort ist eindeutig: „Es ist sehr unwahrscheinlich, dass die beschlossenen Sanktionen Putins Kurs ändern werden. Die Sanktionen sind nicht ausreichend. Russland ist ein sehr großes und mächtiges Land. Wir wissen aus unserer Forschung, dass Sanktionen dann oft nicht funktionieren. Besonders bei autokratischen Regimes nicht." Zwar seien, so der amerikanische Wissenschaftler, Sanktionen nicht grundsätzlich zum Scheitern verurteilt, vor allem bei kleineren und weniger mächtigen Ländern als Russland, aber in diesem Falle lägen die Dinge anders.

Bittere Analysen der amerikanischen und europäischen Politik gegenüber Russland kommen auch aus der englischen Wissenschaft, und zwar von ausgewiesenen und in ihrer Kompetenz unumstrittenen Experten. Richard Sakwa, Professor für Russische und Europäische Studien an der Universität Kent und als Autor eines Buchs über die Krise der russischen Demokratie hervorgetreten, hat sich in seinem neuen Werk „Frontline Ukraine" mit der einseitigen Sichtweise des Westens auf den Konflikt um die Ukraine und die Fehler der EU und der USA beschäftigt. Das Fehlen einer eigenständigen europäischen Außenpolitik wird von ihm ebenso kritisiert wie die übertriebene und undifferenzierte Kritik an Wladimir Putin. Jonathan

Steele, ehemaliger Moskau-Korrespondent der englischen Zeitung *The Guardian*, merkt in einem mit Sakwa geführten Interview an, dass nicht einmal in Zeiten des finstersten Kalten Kriegs sowjetische Führer wie Leonid Breschnew oder Juri Andropow von der westlichen Öffentlichkeit, ihren Politikern und ihren Medien so massiv angegriffen und beleidigt worden seien wie Putin beim Thema Ukraine. In einem Gespräch mit den *Deutschen Wirtschafts Nachrichten* geht Richard Sakwa auf das Jahr 1989 zurück, in dem der Westen historische Fehler begangen habe: Michail Gorbatschow, der ein Weltreich ohne Krieg aufgegeben hatte, erwartete eine neue Partnerschaft, die Amerikaner sahen sich als Sieger. „Der Wendepunkt war die Konferenz von Malta (als sich der amerikanische und der sowjetische Präsident auf einem Schiff vor der Mittelmeerinsel trafen) im Dezember 1989", stellt Sakwa fest. „Hier wurde unmittelbar nach dem Fall der Mauer das neue Nachkriegssystem geformt. US-Präsident George H. W. Bush hatte zwar verstanden, dass die Macht der Sowjetunion schwand, aber er hat nicht verstanden, dass Michail Gorbatschow plante, eine neue Art der Politik zu etablieren, in der es weder Sieger noch Verlierer gab. Stattdessen haben die USA die Ereignisse als Sieg ihrer eigenen Politik gedeutet. Heute, 25 Jahre später, verstehen wir die Tiefe der strategischen Niederlage. Das Schlimme an der Konferenz von Malta war, dass es keinen europäischen Politiker gab, der, wie Churchill in Jalta, die Interessen der Westeuropäer vertreten hätte. Tatsächlich wurde über unser Schicksal auf unserer Seite unseres Kontinents ohne unsere eigene Mitwirkung bestimmt." Und in den 25 Jahren danach hätten alle Beteiligten – auch die Europäer – es versäumt, fundamentale Sicherheitsfragen in Europa zu lösen. „Man hätte die NATO nach 1989 entweder auflösen können oder Russland in eine reformierte Organisation aufnehmen müssen", meint Sakwa. „Stattdessen haben wir die schlimmste aller Möglichkeiten bekommen – eine erweiterte NATO, die nun damit beginnt, Russland von allen Seiten einzukreisen, allerdings gleichzeitig Russland ausschließt. Man muss kein strategisches Genie sein, um zu verstehen, dass Russland – eine Nuklearmacht – früher oder später gegen eine solche Entwicklung auftreten würde."

Die EU habe „ihren schwachen Sinn für Strategie und die Folgen ihrer eigenen Aktionen für die bestehenden Machtverhältnisse bewiesen, als sie sich in die Ukraine bewegt hat", urteilt Sakwa. Er geht nicht davon aus, dass Putin von dem Konflikt profitiere, weil er seinem Volk einen externen Feind präsentieren könne: „Ich glaube, das ist ein falsches Argument. Er braucht diesen Krieg nicht. Er hat alles getan, um ihn zu vermeiden. Die Verantwortung liegt komplett in Washington und Brüssel. Putin hat bereits fantastische Zustimmungsraten. Er hat erfolgreich die Olympischen Spiele in Sotschi veranstaltet. Was jetzt geschieht, ist das letzte, was er braucht. Er ist kein revisionistischer Führer, und daher ist die westliche Einschätzung seiner Handlungen meistens völlig falsch."

Die im Westen verbreitete Meinung, Putin sei in seiner Politik voller Rätsel und lebe offensichtlich in einer anderen Wirklichkeit, findet bei Richard Sakwa klaren Widerspruch: „Putin ist eine bekannte Größe und hat seit der Münchner Sicherheitskonferenz vom Februar 2007 davor gewarnt, dass Russland nicht glücklich ist mit der aktuellen strategischen Situation. Aber niemand hat ihm zugehört." Man müsse bedenken, dass jeder russische Führer nicht viel anders agieren würde als Putin: „Es ist nicht der Fall, dass Putin in einer anderen Realität lebt. Das Problem ist, dass niemand im Westen darauf geachtet hat, dass Putin durch die aktuelle Situation genau in diese Lage geraten könnte." Nicht verstehen kann Sakwa die einheitliche politische und mediale westliche Bewertung der Ursachen und des Verlaufs der ukrainischen Krise und, vor allem, auch des russischen Präsidenten: „Ich glaube, dass das Vorherrschen einer völlig einheitlichen westlichen Sicht auf die Dinge der am meisten beunruhigende Aspekt der ganzen Krise ist. Es ist erschreckend zu sehen, wie die westliche Öffentlichkeit und die Eliten sich dieser falschen Sichtweise angeschlossen haben. Es ist immer leicht, Russland für alles die Schuld zu geben. Russland ist sicher weit davon entfernt, perfekt zu sein. Aber es ist sicher nicht die böse Macht, als die es der Westen jetzt darstellt. Es ist für mich auch schockierend zu sehen, wie leicht die westlichen Wirtschaftsführer dieser falschen Interpretation aufgesessen sind." Weil die westliche Welt geschlossen auf Putin starrt und diesen als allein Schuldigen an allen Übeln sieht, macht Richard Sakwa auf den ukrainischen Ministerpräsidenten Arsenij Jazenjuk aufmerksam, der mit Sätzen wie jenem, wonach alle in der Ukraine, die Russen sein wollten, nach Russland auswandern sollten, den inneren Frieden seines Landes massiv beschädigt: „Jazenjuk ist heute der gefährlichste Mann in Europa. Ich verstehe nicht, wie ein solch entschlossener Nationalist überhaupt mit Respekt behandelt werden kann." Im Zusammenhang mit der Person des Ministerpräsidenten greift Sakwa auch die Tatsache auf, dass Kiew beispielsweise die amerikanische Staatsbürgerin Natalie Jaresko als Finanzministerin geholt hat: „Das ist schockierend. Eine stolze Nation wie die Ukraine braucht solche Leute nicht. Es ist ein rein demagogischer Schritt von Poroschenko und Jazenjuk gewesen."

Nicht müde in seiner Kritik an der Haltung Europas und der USA in der Ukraine-Krise im Allgemeinen und an der Sanktionspraxis im Besonderen wird Alt-Bundeskanzler Helmut Schmidt. Mit der ihm eigenen Unbekümmertheit nennt er die Sanktionen gegen Russland schlichtweg „dummes Zeug". Weitergehende Sanktionen, von denen immer wieder die Rede ist und die besonders in Washington gefordert werden, verfehlten ihr Ziel, so Schmidt, „aber sie treffen den Westen genauso wie die Russen". Wie diese Sanktionen vor allem Deutschland treffen, weiß Eckhard Cordes, der Vorsitzende des Ost-Ausschusses der Deutschen Wirtschaft, genau. Weil er mit der Vertretung der deutschen Unternehmen in Russland auch die Interessen von vielen Zehntausenden Arbeitsplätzen und Arbeitnehmern in Deutschland vertritt, ist es zu billig, wie es hin und wieder geschieht, seine Positionierung in dieser Frage als Wirtschaftslobbyismus abzutun. Als Vertreter der Wirtschaft ist Cordes mit Zahlen konfrontiert: Um 18 Prozent sind im Jahr 2014 die deutschen Exporte nach Russland zurückgegangen, vor allem im Maschinenbau und in der Automobilindustrie, wodurch rund 60 000 Arbeitsplätze in Deutschland gefährdet sind. Drei Gründe sind für diese Entwicklung verantwortlich: Die Sanktionen des Westens, die Wirtschaftskrise in Russland und der Verfall des Rubels. Allerdings: Die deutschen Ausfuhren in die Ukraine sind prozentual noch tiefer abgestürzt, nämlich um ein Drittel, worin sich die dramatische Krise der ukrainischen Wirtschaft spiegelt. Mit Blick auf diese Entwicklungen in zwei ehemaligen Sowjetrepubliken, der russischen und der ukrainischen, spricht sich Cordes für den Weg aus, der vor dem Assoziierungsabkommen zwischen der EU und der Ukraine nicht nur im Gespräch war, sondern auch möglich gewesen wäre: eine gemeinsame Freihandelszone zwischen der EU, Russland und wichtigen russischen Nachbarstaaten, darunter die Ukraine. Deshalb wirbt die deutsche Wirtschaft weiter für direkte Gespräche zwischen der EU-Kommission und der Eurasischen Wirtschaftskommission über eine gemeinsame Wirtschaftsarchitektur, also über eine gemeinsame Freihandelszone, an der auch die Ukraine partizipieren kann.

Trotz der erheblichen wirtschaftlichen Probleme, mit denen Russland – wohlgemerkt nicht nur als Folge der Sanktionen – zu kämpfen hat, könnten sich einige Leute im Westen, so Cordes, zu früh freuen, wenn sie auf eine deutliche oder gar schnelle Wirkung der Sanktionen hoffen: „Die Sanktionen haben natürlich Wirkung gezeigt für die russischen Banken in ihren Refinanzierungsmöglichkeiten an den Kapitalmärkten, aber das wird ausgeglichen durch Maßnahmen des russischen Staates. Man darf nicht vergessen, dass die Staatsverschuldung Russlands ausgesprochen gering ist, irgendwo bei zehn Prozent. In Deutschland liegt sie bei über 80 Prozent. Hier sind sozusagen die Taschen tief. Nein, die Sanktionen werden nach meiner Überzeugung auch mittelfristig keinen wirklichen Effekt haben im Sinne der erwünschten Zielsetzung." Natürlich sieht auch Cordes in der herrschenden Krise den Vorrang der Politik, der Westen müsse Stärke zeigen, was auch geschehen sei. Aber: „Man muss jetzt erkennen, dass der Zeitpunkt gekommen ist, sich an den Verhandlungstisch zu setzen, und ich glaube dass wir diese Situation erreicht haben. An den Verhandlungstisch setzen müssen sich erst einmal die ukrainischen Vertreter, also Kiew und die Ostukraine, und das muss flankiert werden durch die Russische Föderation, die Europäische Union und die Vereinigten Staaten." So hält der Vorsitzende des Ost-Ausschusses der Deutschen Wirtschaft die vor allem von den USA geforderten weiteren Verschärfungen der Sanktionen für den völlig falschen Weg. Er glaubt nicht, dass die Sanktionen die angestrebten Wirkungen erreichen werden. Im Gegenteil. „Sie kreieren innerhalb Russlands eine Art Wagenburg-Mentalität und das russische Volk wird sich von Präsident Putin nicht abwenden."

In einem Gespräch mit dem *Deutschlandfunk* zum Jahresende 2014 ging Cordes auch auf die in West und Ost unterschiedliche Position gegenüber Sanktionen ein: „Die Sanktionen werden natürlich aus russischer Sicht ... als eine Art Bestrafung empfunden. Wir haben in der Analyse dessen, was 2014 passiert ist, sehr unterschiedliche Sichten. Die westliche Sicht ist eine sehr andere als die russische Sicht auf die Krise. Wir betonen immer wieder, dass die Annexion der Krim ein Völkerrechtsbruch war. Das ist es natürlich auch aus der Sicht des Westens. Die Russen sehen das ganz anders. In der Folge kamen die Wirtschaftssanktionen. Die Zielsetzungen der Sanktionen sind für mich immer noch nicht ganz klar: Ist es eine Bestrafung? Ist es ein Mittel, um die Russen an den Verhandlungstisch zu bringen? Wenn man Letzteres damit anstrebt, dann glaube ich, wird das nicht gelingen." Jetzt bräuchte man ein Signal der Bereitschaft, am Verhandlungstisch zusammenzukommen.

Trotz dieser Mahnungen war im März 2015 von den geforderten Verhandlungen noch nichts in Sicht. Die Zweifel von Eckhard Cordes, „ob Wirtschaftssanktionen das beste Mittel sind, um politische Konflikte zu lösen", sind eher gewachsen. Eine Umfrage des Ost-Ausschusses der deutschen Wirtschaft unter 165 Unternehmen im Russlandgeschäft hat gezeigt, dass sich das Geschäftsklima massiv verschlechtert hat. Sanktionen,

Wirtschaftsabschwung und Rubel-Abwertung machen deutschen Unternehmen vor Ort schwer zu schaffen. Sie passen daher ihre Einstellungs- und Investitionspläne nach unten an. Dennoch, so Cordes in der *Bild*-Zeitung: „Wir beobachten aber keinen Rückzug deutscher Firmen aus Russland. Dafür ist der Markt zu wichtig." Nach wie vor sei „Frieden die beste Unterstützung der Wirtschaft". Die Schaffung eines gemeinsamen Wirtschaftraums von EU und Eurasischer Wirtschaftsunion, der die Ukraine nicht vor eine Entweder-oder-Entscheidung stellt, sei die Perspektive, die von der deutschen Wirtschaft für notwendig und überfällig gehalten werde.

Auch in einem anderen Zweig des deutschen Wirtschaftslebens sieht man die Sanktionspolitik des Westens gegen Russland mit großem Unbehagen. Professor Brun-Hagen Hennerkes, Vorstandsvorsitzender der Stiftung Familienunternehmen, welche die Interessen der größten deutschen in Familienbesitz befindlichen Unternehmen vertritt, bekennt sich ganz eindeutig als „kein Anhänger der Sanktionen", wiewohl die Familienunternehmen selbstverständlich den Primat der Politik achteten: „Aber sie bedauern, dass viele Russland aufgegeben haben. Auf der menschlichen Ebene ist zwischen den russischen und den deutschen Unternehmen – anders als im Verhältnis zu englischen oder amerikanischen Firmen – in vielen Fällen eine enge Bindung entstanden." Die Frage der *Zeit*, ob man sich denn den Russen näher fühle als Briten oder Amerikanern, beantwortet Hennerkes mit einem Klaren Ja. Woran das liege? „Das fängt mit der Literatur – Tolstoi – und der Kultur an. Das ist eine uralte Verbindung, da versteht man sich oder hat sich verstanden. Und daraus haben die deutschen Unternehmer abgeleitet, dass das für sie ein Markt ist für die nächsten zwanzig Jahre, und die Märkte haben ja auch Potenzial. Insofern bedauern sie, dass das jetzt mit einem Schlag weg sein soll." Was Hennerkes an den Sanktionen auszusetzen hat, ist Folgendes: „Was Russland gemacht hat, war ein klarer Völkerrechtsbruch. Das kann man nicht so über die Bühne gehen lassen. Aber eine Sanktion zielt darauf ab, dass sich ein bestimmter Zustand ändert. Aber niemand glaubt doch daran, dass Putin noch einmal die Krim freigibt."

Der Sanktionsstreit zwischen der Europäischen Union und Russland trägt auch skurrile Züge. Im August 2014 wehrte sich Moskau gegen die Sanktionen des Westens mit einem Importverbot für Agrarprodukte, für Fleisch- und Wurstwaren, für Fisch und Molkereiprodukte, für Obst und Gemüse. Die deutsche Agrarwirtschaft beklagte den Verlust eines wichtigen und kaufkräftigen Markts, der Deutsche Bauernverband stellte fest, dass die deutschen Bauern spürbar betroffen seien. Russische Experten gingen davon aus, dass dieses Einfuhrverbot für beide Seiten schmerzlich sein werde – einerseits verliere die EU aus dem einschlägigen Handel viele Milliarden Euro, andererseits fehlten Russland zehn Prozent seiner Versorgung mit Lebensmitteln. Inzwischen hat sich Russland darauf eingerichtet, sich auf anderen Märkten zu bedienen, vor allem auch in China. Die Reaktion der EU darauf, dass Russland sich seinerseits mit Sanktionen gegen die europäischen Sanktionen wehrt, rief in Brüssel eine mehr als naive Reaktion hervor. Diese Antwort Moskaus, so die absurde Klage eines Sprechers der Kommission, sei doch „ganz klar politisch" begründet, man behalte sich eine Antwort vor. Eine erstaunliche Einsicht!

Nicht nur die deutsche Wirtschaft beklagt, dass man sich mit der Einführung und der wiederholten Verschärfung der Sanktionen zunehmend selbst schade. Anderen europäischen Ländern geht es ebenso. Vor allem kleinere Staaten haben die meisten und größten Probleme. Zum Beispiel Finnland. Kein anderes Land der EU ist so brutal von der Sanktionspolitik getroffen. „Für Finnland ist es eine ungemein schwierige Lage. Dass ausgerechnet Wirtschaftssanktionen als Instrument der EU gegen Russland gewählt wurden, spüren wir besonders stark. Wir haben auf so vielen Ebenen enge Beziehungen zu Russland, da schaden uns die Sanktionen besonders", stellt Juhana Aunesluoma fest, der ein Europa-Institut in Helsinki leitet. Er meint, dass es für sein Land keine schnellen Lösungen geben werde, dass Finnland vor einem Strukturproblem stehe.

Allein die Tatsache, dass Finnland in seiner Energieversorgung weitgehend vom großen Nachbarn abhängt, zeigt die besondere Betroffenheit des Landes, von dessen Exporten zehn Prozent nach Russland gehen. Die Rating-Agentur Standard & Poor's hat bereits Konsequenzen gezogen und Finnlands bisherige Bestnote „AAA" auf „AA+" gesenkt.

Vom Norden in den Süden. Bayern ist unter den deutschen Ländern Spitzenreiter beim Export. In diesem Erfolgsszenario nimmt Russland für Bayern einen wichtigen Platz ein. Von den rund 6000 deutschen Unternehmen, die bisher in Russland tätig waren, kommt ein erheblicher Anteil, insbesondere mittelständische Betriebe, aus Bayern. Die Vereinigung der Bayerischen Wirtschaft (VBW) beklagt, dass die Sanktionen über Jahrzehnte aufgebaute Geschäftsbeziehungen zwischen bayerischen und russischen Unternehmen, die in vielen Fällen zusätzlich auf persönlichem Vertrauen gründen, erheblich schädigen. Von Bayern aus beobachtet man zudem mit Sorge, dass deutsche Unternehmen, die den Russen durch die europäischen Sanktionen als Wirtschaftspartner verloren gehen, von neuen Konkurrenten, insbesondere aus Asien, ersetzt werden. Fazit von VBW-Präsident Alfred Gaffal: „Diese Situation nützt keinem der Beteiligten. Nachdem die Sanktionen ihre Wirkung verfehlen, sollten sie so schnell wie politisch möglich aufgehoben werden. Unsere bisher guten, langjährig gewachsenen Wirtschaftsbeziehungen nach Russland müssen gestärkt werden, statt auf beiden Seiten Vertrauen zu verspielen."

Wo europäische, wo deutsche Wirtschaftspartner in Folge der Sanktionen ausbleiben, sind die Vertreter anderer Nationen zur Stelle. Russland ist zu groß, zu mächtig und zu wirtschaftsstark, als dass es durch europäische und amerikanische Sanktionen in die Knie gezwungen werden könnte. Zur Stelle ist vor allem, und das an erster Stelle, die Volksrepublik China. Auch wenn sich Peking offiziell aus dem politischen Streit – der auch eine wachsende militärische Tendenz hat – heraushält, mehren sich die moskaufreundlichen chinesischen Aussagen. So äußerte der chinesische Botschafter in Belgien,

Qu Xing, im März 2015, dass der Westen „sein Nullsummenspiel aufgeben und die tatsächlichen Sicherheitsbedenken von Russland in seine Überlegungen einbeziehen" sollte. Der Diplomat registrierte in einem Gespräch mit der Nachrichtenagentur *Reuters* eine gewisse Realitätsverweigerung bei den Amerikanern: „Die Amerikaner weigern sich zu akzeptieren, dass ihre Präsenz in irgendeinem Teil der Welt schwindet. Doch tatsächlich sind ihre Ressourcen begrenzt. Die Amerikaner werden sich anstrengen müssen, um ihren außenpolitischen Einfluss in der Welt aufrechtzuerhalten." Zu dieser Einschätzung passt, dass China im Rahmen seiner Geopolitik verstärkt in Europa investiert und die wirtschaftlichen Beziehungen zu Russland, vor allem als Folge der westlichen Sanktionen, intensiv ausbaut.

Noch ehe es zur Sezession der Krim und ihren Anschluss an Russland kam, hatte der chinesische Präsident Xi Jinping im März 2013 bei seinem Antrittsbesuch in Moskau die chinesisch-russischen Beziehungen überschwänglich gelobt, die in den Bereichen Handel, Technologie und Energie „reiche Früchte" getragen hätten. Kontinuierlich ist in den vergangenen Jahren das Handelsvolumen zwischen Peking und Moskau gewachsen – mit großen Perspektiven: Im Jahr 2015 soll der Handel ein Volumen von 100 Milliarden Dollar erreichen, spätestens 2018 soll Gas aus Sibirien in das energiehungrige China strömen. Dennoch besteht zwischen beiden Staaten im Handel noch ein erhebliches Ungleichgewicht: Während China für Russland der wichtigste Außenhandelspartner ist, spielt umgekehrt Russland für China bisher nur eine bescheidene Rolle. Allerdings werden durch den Ukraine-Konflikt und durch die Sanktionspolitik des Westens Chinas Bedeutung für Russland und der wechselseitige Handel erheblich steigen, analysiert Dmitri Trenin, Direktor des einflussreichen Thinktanks Carnegie Moscow Center und Experte für internationale Beziehungen. Mit einem Russland, das ökonomisch in wachsendem Maß von China abhängig ist, wird Pekings weltweiter politischer Einfluss zunehmen.

Nicht nur China und andere asiatische Länder sind gern bereit, die durch europäische und amerikanische Sanktionen entstandenen Versorgungslücken in Russland zu schließen. Nur ein weiteres Beispiel: Aus Südamerika nehmen die Warenströme nach Russland zu, so bei Milch und Molkereiprodukten. Stefan Dürr, aus Deutschland stammender Agrarfachmann mit deutscher und russischer Staatsangehörigkeit und in Russland verantwortlich für eine landwirtschaftliche Fläche von 200 000 Hektar, hat *Zeit Online* von den Auswirkungen der Sanktionen berichtet. Dürr, für seine Verdienste um die deutsch-russische Zusammenarbeit mit dem Bundesverdienstkreuz ausgezeichnet, hat Putin in einem Gespräch über russische Gegenmaßnahmen zu Einfuhrsperren für europäische Lebensmittel geraten. Der Grund: „Gerade weil ich mich so intensiv für die deutsch-russischen Beziehungen einsetze, darunter leide, dass derzeit so viel Porzellan zerschlagen wird. Ich glaube, dass Gegenmaßnahmen den Westen vor Augen führen, wie stark man in vielen Bereichen voneinander abhängig ist." Dürr glaubt, dass der Westen die Hauptschuld an dem Konflikt trägt und immer wieder Öl ins Feuer gießt: „Er lässt doch Putin gar keine andere Wahl. Hier bei mir auf dem Lande kritisiert man ihn eher noch dafür, dass er zu weich sei. Er kann die Sanktionen nicht einfach hinnehmen. Dann wäre er innenpolitisch tot." Dafür, dass Putin Gegensanktionen ausgerechnet im Lebensmittelbereich verhängt hat, gibt es gute Gründe: „Putin schlägt zwei Fliegen mit einer Klappe. Er antwortet auf die Sanktionen des Westens, was, glaube ich, die Voraussetzung dafür ist, dass sich beide Parteien irgendwann wieder an einen Tisch setzen. Und er gibt der russischen Landwirtschaft die Chance, sich in einer geschützten Übergangszeit zu entwickeln."

Stefan Dürr stammt aus einem kleinen Bauernhof im Odenwald und kam nach der Wende, als Helmut Kohl und Michail Gorbatschow eine Zusammenarbeit im Agrarbereich vereinbart hatten, als Praktikant nach Russland, machte dort Karriere und blieb. Er leitet nicht nur den größten russischen

Milchproduktionsbetrieb, sondern handelt auch mit Saatgut und Landmaschinen. Westliche Sanktionen treffen also ihn und sein Unternehmen. Seine Reaktion: „Ich habe mich schon gefragt: Was ist, wenn der Konflikt weiter eskaliert, wenn ich keine Ersatzteile mehr für westliche Maschinen bekomme? Wäre es dann nicht besser, schon jetzt stärker auf russische Hersteller zu setzen? Oder auf chinesische? Ein großes Maschinenbau-Unternehmen hier aus der Region ist diesen Schritt gegangen. Die kaufen jetzt in China statt in Europa. Das ist eine Entwicklung, die vor der Krise begonnen hat, die sich nun durch die Sanktionen aber massiv beschleunigt. Ich weiß nicht, ob dem Westen wirklich klar ist, welche Türen er durch die Strafmaßnahmen für chinesische Unternehmen öffnet." Der Fachmann und Praktiker in Agrarfragen meint nicht, dass es durch die Sanktionen der Europäer zu besonderen Preiserhöhungen bei Lebensmitteln kommen wird: „Ich glaube nicht, dass die Preise steigen. Ich denke eher, dass die europäischen Milchproduzenten durch südamerikanische ersetzt werden. Außerdem wird der Anteil russischer Milchprodukte zunehmen. Es gibt ja schon seit Jahren das Ziel, dass der Selbstversorgungsgrad bei Milchprodukten 90 Prozent betragen soll. Bisher gab es immer noch wirtschaftliche Stimmen im Land, die solche Quoten abgelehnt haben. Diese ganze Diskussion ist nun vorbei. Jetzt braucht man niemand mehr zu erklären, dass wir eine gewisse Grundversorgung durch russische Lebensmittel brauchen."

In der Theorie und auf dem Papier mögen Sanktionen vielleicht funktionieren, vor allem gegen kleine und weitgehend wehrlose Staaten, in der Praxis funktionieren sie offensichtlich nicht, insbesondere nicht gegen mächtige Großstaaten. Was die Europäer und die Amerikaner mit ihren Sanktionen gegen Russland und Putin erreichen wollten, haben sie nicht erreicht. Die Ukraine-Frage ist einer Lösung nicht nähergekommen, der wegen dieses Konflikts entstandene und angefachte Ost-West-Gegensatz hat sich nicht abgebaut, Moskau hat seine Politik nicht geändert. Und die ganz große Hoffnung im Westen, dass die Belastungen, die durch die Sanktionen auf die Menschen in Russland zugekommen sind, zu Unmut, Ärger und Zorn gegen Wladimir Putin, gar zu seiner Ablösung, führen würden, hat sich als trügerisch erwiesen.

Ausweg aus der Krise: Sanktionen beenden, Krim-Status akzeptieren, Ukraine föderalistisch ordnen

Die Lösung des Ukraine-Konflikts ist eine Herkules-Aufgabe. Sie muss angepackt werden, nicht nur im Interesse der unmittelbar beteiligten Streitparteien, Ukraine und Russland. Zu groß ist die Gefahr, dass aus einem lokalen militärischen Brandherd ein Krieg erwächst, der in seiner Ausbreitung und in seinen Wirkungen nicht gefährlich genug eingeschätzt werden kann. Schon viel zu oft war in den vergangenen Monaten, ebenso leichtfertig wie besorgt, von der Gefahr eines Dritten Weltkriegs die Rede. Deshalb muss, ehe man noch an eine Bewältigung der einzelnen Probleme der Krise herangehen kann, der militärische Brandherd gelöscht und unter Kontrolle gebracht werden. Es gilt, den von Bertha von Suttner zu Beginn des zwanzigsten Jahrhunderts in ihrem Buch „Die Waffen nieder" formulierten Appell zum Leitmotiv des Handelns aller am politischen und militärischen Kampf um die Ukraine beteiligten Staaten zu machen. Damals führte der Vorstoß der österreichischen Schriftstellerin zum großen und heute noch weltweit anerkannten Friedenspreis, gestiftet vom Schweden Alfred Nobel. Bertha von Suttner war 1905 seine erste Trägerin. Heute muss dieser Appell dazu führen, dass Krieg und Kriegsgeschrei in der Ostukraine restlos eingestellt werden.

Bisher hat niemand einen besseren Weg zu diesem Ziel eingeschlagen als Bundeskanzlerin Angela Merkel und der französische Staatspräsident François Hollande, die gemeinsam mit den Präsidenten Russlands und der Ukraine, Wladimir Putin und Petro Poroschenko, in Minsk ein Waffenstillstandsabkommen vereinbarten. Wenngleich brüchig, so ist eine bessere Alternative bislang jedenfalls nicht in Sicht. Nach wie vor sind Kiew und Moskau in ihrer offiziellen Politik entschlossen, sich an dieses Abkommen zu halten. Deshalb sollte nicht jeder

Zwischenfall irgendwo in der Ostukraine von den streitenden Parteien zum Anlass genommen werden, das ganze Abkommen von Minsk, Minsk II genannt, in Frage zu stellen. Zudem kann Putin den letzten separatistischen Kämpfer wohl ebenso wenig unter Kontrolle halten wie Poroschenko jeden Soldaten der ukrainischen Streitkräfte oder Kämpfer der von Oligarchen geführten und finanzierten Privatarmeen. Neben der Abrüstung bei den Waffen tut auch eine Abrüstung bei den Worten not, in Kiew wie in Moskau. Die Ukraine sollte sich davor hüten, bei jedem Schuss und bei jedem Granateneinschlag im Osten des Landes, wobei man nicht einmal weiß, wer geschossen oder gefeuert hat, gleich das endgültige Scheitern des Minsker Abkommens auszurufen, wie es Poroschenko gern tut und wozu er europäische Partner, beispielsweise Bundeskanzlerin Angela Merkel, immer wieder drängt. Nicht nur mit Worten sollten beide Seiten abrüsten. Auch das Spiel mit militärischen Drohgebärden, von denen man doch weiß, dass keine Seite sie ernst meint, sollte nicht fortgesetzt werden. Was will die NATO mit großen Marinemanövern im Schwarzen Meer erreichen, was Moskau mit der Alarmierung der Eismeerflotte und umfangreichen Manövern zu Lande? So wird die Bewältigung einer schweren Krise zwischen Ost und West nicht erleichtert, sondern erschwert. Wiederum verbietet sich die in Europa weitverbreitete Haltung, militärische Muskelspiele auf russischer Seite anzuprangern, ähnliches Verhalten auf der eigenen Seite aber großzügig zu übersehen oder für selbstverständlich zu halten. Beide Seiten müssen sich vom drohenden Abgrund eines Kriegs entschlossen und glaubwürdig entfernen. Alles, was in Richtung dieses Abgrunds drängt und treibt, muss eingestellt werden. Henry Kissinger warnt immer wieder vor „einem Rückfall in die Denkstrukturen des Kalten Krieges".

Zuerst könnte und müsste der Abbau der Sanktionen gegen Russland beginnen. Hier ist Europa in besonderem Maße gefordert, sich dem von Washington und Kiew ausgehenden Druck zu Beibehaltung und Verschärfung dieser Strafmaßnahmen entgegenzustellen. Petro Poroschenko hat bei seinem

Besuch in Berlin im März 2015 einen weiteren Versuch unternommen, Deutschland zu einer verschärften Fortführung der Sanktionen zu drängen. Bundeskanzlerin Merkel hat klar widerstanden. Aber auch die USA geben in dieser Frage keine Ruhe. Senator John McCain, an prominenter Stelle in der Reihe der amerikanischen Scharfmacher in Sachen Ukraine-Krise, hat sich nach seinen unerhörten Angriffen auf Bundeskanzlerin Angela Merkel im Umfeld der Münchner Sicherheitskonferenz im Februar 2015 inzwischen Frank-Walter Steinmeier als Ziel ausgesucht. Der deutsche Außenminister habe für ihn „in keiner Weise Glaubwürdigkeit". Steinmeier sei der Typ, „der sich mit seiner Regierung weigert, das Verhalten von Wladimir Putin einzuschränken, der gerade in diesem Moment Ukrainer abschlachtet". Und weil McCain gerade in Fahrt war, kam er in seinem Wüten wieder auf die Bundeskanzlerin zurück, „die alles abgelehnt habe, was man sinnvoll tun könne, um Putins Aggression zu stoppen". Nicht fehlen durfte auch in diesem Ausbruch der Vorwurf an die Bundeskanzlerin, sie treibe eine Politik wie sie der Westen in der Nazi-Zeit gegen Hitler verfolgt habe: „Es ist ein schändliches Kapitel der Geschichte, und es ist eine Wiederholung der dreißiger Jahre."

Europäische Besonnenheit ist in McCains Washingtoner Kreisen nicht gefragt, der Abbau und dann gar die Beendigung der westlichen Sanktionspolitik hat in Köpfen keinen Platz, die in immer größeren Lieferungen immer gefährlicherer Waffen in die Ukraine das Heil und im militärischen Niederkämpfen Russlands offensichtlich ihre Vision sehen. Dass Sanktionen keiner Seite nützen und allen Seiten schaden, kann in dieser militanten Verblendung nicht mehr wahrgenommen werden.

Dabei liegt der wirtschaftliche Schaden, der für beide Seiten durch derlei archaische Boykottmaßnahmen angerichtet wird, auf der Hand. Russische Unternehmen haben ebenso zu leiden wie Betriebe im Westen. Das große politische Ziel, das man in den USA und in Europa vor Augen hatte, als man sich zur Einführung und schrittweisen Verschärfung der Sanktionen gegen Russland entschloss, wurde nicht erreicht. Der russische Präsident werde durch die Sanktionen des Westens dermaßen in die Enge getrieben, dass er, bedrängt vom wachsenden Unmut der Menschen in Russland, seinen Kurs in der Ukraine-Krise ändern und Forderungen aus Kiew, Brüssel und Washington nachgeben müsse – diese Erwartungen haben sich nicht erfüllt, im Gegenteil. Die russische Bevölkerung steht, so auch die Einschätzung westlicher Beobachter in Moskau, in größerer Mehrheit denn je hinter Putin. Der allgemeine Zorn richtet sich gegen den Westen, also gegen jene, die glaubten, mit Sanktionen einen Keil zwischen Präsident und Volk treiben zu können. Auch hier hat es der Westen versäumt, bei der Gestaltung seiner Politik tief in die russische Geschichte zu schauen und sie verstehen zu wollen. Militärische Totalangriffe von außen, ob unter Napoleon oder unter Hitler, sind an der Widerstandskraft des russischen Volkes gescheitert. Die Sanktionen des Westens, jetzt auf wirtschaftlichem Gebiet, werden als ein ähnlicher Großangriff verstanden. In Moskau lebende deutsche Experten sehen im Ergebnis der russischen Regionalwahlen vom Herbst des Jahres 2014 mit ihrem klaren Erfolg für die Kreml-Partei „Einiges Russland" eine Bestätigung der Politik Putins insgesamt. Die drei zentralen und aktuellen Punkte der russischen Politik – Eingliederung der Krim, Kampf um die Ostukraine, Sanktionen des Westens – sind in diese Zustimmung eingeschlossen. Im Endeffekt, so kommentierte die Wirtschaftszeitung *Kommersant* das Wahlergebnis, erhalte der Kreml freie Hand für seine Politik, ob in der Außen-, Innen- oder Wirtschaftspolitik.

Im Umgang mit dem Thema Sanktionen hat sich in Europa der politische Ton erheblich gewandelt. Eine konstruktive Nüchternheit hat sich breitgemacht, was wesentlich auch auf die Position Deutschlands und seiner Bundeskanzlerin zurückzuführen ist. Einen Dämpfer hat die anfängliche Sanktionsbegeisterung in Brüssel und Washington dadurch erfahren, dass sich die Hoffnung, man werde mit diesem Instrument Wladimir Putin schnell an den Verhandlungstisch zwingen können, nicht erfüllt hat. Bundeswirtschaftsminister und Vizekanzler

Sigmar Gabriel warnt vor einer Destabilisierung Russlands durch Sanktionen und vor den möglichen außenpolitischen Folgen einer Isolation Moskaus. „Das Ziel war nie, Russland wirtschaftlich und politisch ins Chaos zu stürzen", sagte Gabriel schon im Januar 2015 zu *Bild am Sonntag*. Wer das wolle, provoziere „eine noch viel gefährlichere Lage für uns alle in Europa". Klar ging der Vizekanzler zu jenen in den USA und Europa auf Distanz, die „den alten Supermacht-Rivalen endgültig am Boden sehen wollten". Denn: „Das ist nicht das deutsche und das europäische Interesse." Gabriel warnte vor den weitreichenden Folgen der Isolation Moskaus vor allem bei der Beseitigung nach wie vor ungelöster und explosiver weltpolitischer Krisenherde: „Wenn Russland als Partner dauerhaft ausfällt, beispielsweise im Irak im Kampf gegen IS, in Syrien bei den Bemühungen zur Beendigung des Bürgerkrieges, im Iran bei den Verhandlungen über das Atomprogramm, wird die Situation für die ganze Welt brandgefährlich."

In die gleiche Richtung argumentiert Außenminister Frank-Walter Steinmeier, der sich dagegen wendet, Russland zu schwächen, weil dies Europa schade. Dem Magazin *Der Spiegel* gegenüber wies er auf die Folgen von Strafmaßnahmen hin, die dazu beitragen könnten, Russland zu destabilisieren. Wer Russland wirtschaftlich in die Knie zwingen wolle, werde damit nicht mehr Sicherheit in Europa schaffen: „Ich kann davor nur warnen." Eine Verschärfung der Sanktionen, wie von den USA und von einigen osteuropäischen Ländern gefordert, lehnt der deutsche Außenminister strikt ab.

Dabei sollten gerade auch die USA bei ihrem ständigen Drängen nach Beibehaltung und Ausdehnung der Sanktionen die bedenklichen Folgen für das eigene Land, wirtschaftlich wie politisch, ins Auge fassen und die richtigen Schlüsse daraus ziehen. In einer Untersuchung für die *New York Times* haben Samuel Charap und Bernard Sucher Punkt für Punkt dar- und klargelegt, „warum Sanktionen gegen Russland nach hinten losgehen". Charap ist Senior Fellow für Russland und Eurasien am britischen International Institute for Strategic Studies mit Sitz in London und Niederlassungen in Washington, Singapur und Bahrein. Bernard Sucher ist Vorstandsmitglied der in Russland seit 1996 tätigen Gesellschaft UFG Asset Management. Ausgangspunkt der Analyse der beiden Autoren: „Die amerikanische Regierung betrachtet Sanktionen als ein billiges Mittel, das Putin letzten Endes dazu bringen wird, seinen Kurs bezüglich der Ukraine zu ändern." Doch diese konventionelle Weisheit verschleiere beträchtliche Kosten. An einem Beispiel wird gezeigt, welche Risiken Sanktionen auch für die amerikanische Seite bergen: „Genauso, wie der Einsatz von Drohnen gegen mutmaßliche Terroristen in Pakistan dem militanten Islamismus vielleicht mehr Konvertiten gebracht als ausgeschaltet hat, genauso wenig haben die Verfechter der Sanktionen mit den unbeabsichtigten Konsequenzen dieser Politik gerechnet – Konsequenzen, die sich für die amerikanischen Interessen als viel schädlicher herausstellen könnten als die Aggression des Kremls in der Ukraine."

In fünf Punkten fassen Charap und Sucher zusammen, warum Sanktionen gegen Russland den USA weit mehr schaden als nützen:

Zunächst nutzten die USA durch die kommerziellen und finanziellen Sanktionen gegen Russland das nach dem Ende der Sowjetunion entstandene globale Wirtschaftssystem aus, das die Vereinigten Staaten selbst als „Architekt und größter Nutznießer" erschaffen haben. Jahre gegenseitigen und vorteilhaften Fortschritts, der 140 Millionen Russen in den Einzugsbereich globaler ökonomischer Steuerung gebracht habe, seien nun in Gefahr, verloren zu gehen. Sogar wenn der Kreml auf Grund der Sanktionen sein Verhalten änderte – wofür es nicht das geringste Anzeichen gibt – und der Westen die Sanktionen beendete, so sei doch die amerikanische Absicht gescheitert, Russland in die globale Wirtschaft zu integrieren.

Zweitens zeige der Gebrauch von Sanktionen aller Welt ganz klar, welchem strategischen Risiko man sich aussetze, wenn man sich in das von Amerika geführte globale Finanzsystem integriert. Was auch immer das Ergebnis von Russlands

Intervention in der Ukraine und Putins weiteres Schicksal sein werde, andere Nicht-Alliierte der USA hätten jetzt die Lektion gelernt, dass die institutionelle Integration in das von Amerika dominierte Weltfinanzsystem sich gegen jene richten kann, die sie so schwer erkämpft haben.

In ihrem dritten Punkt weisen Charap und Sucher auf eine besondere Fehlwirkung der westlichen Sanktionen hin. Auch wenn es stimme, dass die Sanktionen den Unternehmen, die dem Staat gehören oder ihm nahe stehen, und den Freunden Putins wirklich geschadet haben, „so ist doch der Kollateralschaden bei unabhängigen und privaten Unternehmen in Russland unvergleichlich schlimmer". Russische Firmen ohne politischen Schutz, also viele private Unternehmen, brächen auf dem Markt ein, hätten keinen Zugang zu Finanzierungen und müssten alle notwendigen Investitionen auf unbestimmte Zeit verschieben. Das heiße: Die russischen Unternehmen, die am meisten auf eine engere Zusammenarbeit ihres Landes mit der EU und den USA gesetzt hätten, seien von den Sanktionen am meisten getroffen. Die Folge: „Die mutigsten und dem Westen gegenüber offensten Unternehmen sehen sich nun ohne jeden Schutz, während Staatsbanken und Energiekonzerne weiterhin durch ihren Zugang zu günstigen Staatskrediten geschützt werden."

Vierte Überlegung in dem Beitrag in der *New York Times*: „Dadurch, dass man sich zu Sanktionen gegen Russland entschlossen hat, als sich das Land bereits in erheblichen wirtschaftlichen Turbulenzen befand, hat man Putin ein machtvolles politisches Instrument geboten, die Schuld an den russischen Problemen den Sanktionen und dem Westen zu geben." Die Sanktionen seien als Alibi und Ausrede für Putin zum perfekten Zeitpunkt gekommen.

Unter Punkt fünf ihrer Untersuchung stellen Samuel Charap und Bernard Sucher fest, dass „normale Russen" die Sanktionen als gegen sich gerichtet empfänden, dass die westlichen Strafmaßnahmen für die Inflation verantwortlich seien, auch für den Niedergang des Rubels und das verlangsamte

Wirtschaftswachstum. Das Gefühl der Russen, dass sie angegriffen werden, habe zu dem verständlichen Phänomen geführt, dass sich nun „alle um die Fahne scharen" und Wladimir Putin für sich und seine Politik Rekordzustimmungswerte verzeichnen könne. Wenn Russland sich in den kommenden Monaten und Jahren noch größeren wirtschaftlichen und finanziellen Herausforderungen gegenüber sehen sollte, könnten sich auch die USA mit noch viel schlimmeren Problemen als heute konfrontiert sehen. Auch, so Charap und Sucher, „die ökonomischen Leiden der Europäischen Union könnten sich noch verschlimmern".

Alles in allem, so die Konsequenz dieser Analyse: Die Rücknahme der Sanktionen sollte, schon aus Eigennutz des Westens, beginnen, ihr Ende möglichst schnell kommen. Dem steht immer noch die offizielle Position der Regierung von Präsident Barack Obama entgegen, die so lange bei den Sanktionen bleiben will, bis Russland die Krim wieder aufgibt. An ein weiteres Problem erinnert der Wissenschaftler Gary Clyde Hufbauer, der befürchtet, dass es Jahre dauern werde, die Sanktionen aufzuheben. Der Grund: „Regierungschefs, die Sanktionen beschlossen haben, fällt es nämlich oft schwerer, sie wieder abzuschwächen. US-Sanktionen haben sich zum Beispiel oftmals von Präsident zu Präsident verändert."

Charap und Sucher erinnern daran, dass sich der Westen nach Auflösung der Sowjetunion einem russischen Horrorszenario gegenüber sah. Die Regierung war bankrott, das Land regierungsunfähig, die Kontrolle über die riesigen Kernwaffenpotenziale in Gefahr. Ein weiteres Anziehen der Sanktionsschraube, wie dies die politischen Hitzköpfe in Washington gerne hätten, könnte Russland in die Gefahr einer Rückwärtsentwicklung geraten, die für den Westen zu einer ernsten Bedrohung werden könnte. Daran sollten im Westen auch all jene denken, die sich Phantasien dahingehend hingeben, dass mit einem anderen russischen Präsidenten als Wladimir Putin alles besser werden könnte. Hinter solcher Illusion steckt reines Wunschdenken.

Auch deswegen muss der Irrweg der Sanktionen möglichst schnell verlassen werden.

Die Krim steht im Mittelpunkt der Ukraine-Krise. Das entscheidende Datum ist der 16. März 2014. An diesem Tag fand das Referendum statt, in dem sich nach Angaben der russischen Nachrichtenagentur *RIA Novosti* bei einer Wahlbeteiligung von 83,1 Prozent 96,77 Prozent für einen Anschluss an Russland aussprachen. Vorausgegangen war dieser Entscheidung der Aufstand auf dem Maidan in Kiew. Die dort dominierenden Kräfte signalisierten nicht nur den Willen zum Anschluss an die EU, sondern auch zur Mitgliedschaft in der NATO. Der wachsende Widerstand dagegen und die daraus entstandene Unsicherheit ermunterten auf der Krim jene separatistischen Gruppen, die für eine Angliederung an Russland waren. Bewaffnete russische Kräfte tauchten auf der Krim auf, agierten für die prorussische Entscheidung, besetzten das Regionalparlament, wo Sergej Aksjonow zum Ministerpräsidenten gewählt und das Referendum beschlossen wurde.

Es ging alles sehr schnell: Am 18. März unterschrieben Putin und Aksjonow sowie der Parlamentspräsidenten der Krim, Wolodymyr Konstantynow, und der Vorsitzende des Koordinationsrats zur Organisation der Stadtverwaltung von Sewastopol, Alexei Tschaly, in Moskau den Beitrittsvertrag zu Russland. Drei Tage später wurde der Vertrag durch die Duma und den Föderationsrat gebilligt, nachdem das russische Verfassungsgericht die Rechtsmäßigkeit des Eingliederungsvertrags bestätigt hatte. Präsident Putin unterzeichnete das verfassungsändernde Gesetz. Zwei neue „Föderationssubjekte" traten der Russischen Föderation bei: die Republik Krim und die „Stadt föderalen Ranges" Sewastopol.

Die Ukraine sieht in diesem Schritt, ebenso wie die EU und die USA, einen anhaltenden Bruch des Völkerrechts. Deshalb wird von einer Annexion gesprochen, obwohl es sich bei der Eingliederung der Krim in den russischen Staatsverband nach kompetenter juristischer Einschätzung aus Deutschland auch um eine Sezession handeln könnte, was den immer wieder als völkerrechtswidrig angeprangerten Anschluss der Halbinsel an Russland in einem anderen Licht erscheinen ließe. Nicht überall wird die Entscheidung der Bevölkerung der Krim und die darauf folgende Eingliederung nach Russland mit solcher Härte als völkerrechtswidrig eingestuft wie in der EU und in den USA. Vier Staaten – Afghanistan, Nicaragua, Syrien und Venezuela – haben die Zugehörigkeit der Krim zur Russischen Föderation bisher anerkannt. Die Vollversammlung der Vereinten Nationen erklärte das Krim-Referendum am 24. März 2014 mit einer absoluten Mehrheit von 100 Stimmen für ungültig. Elf Staaten stimmten gegen diese Resolution, 58 enthielten sich der Stimme, der Rest blieb der Abstimmung fern.

Russland zeigt trotz der Sanktionen und dem massiven politischen Druck des Westens nicht die geringste Bereitschaft, die Krim an die Ukraine zurückzugeben. Die Vorstellung, dass die Krim, auch als Hafen und Stützpunkt der russischen Schwarzmeerflotte, auf dem Umweg einer von Kiew angestrebten Mitgliedschaft der Ukraine in der Atlantischen Allianz zu einem NATO-Hafen unter amerikanischem Kommando werden könnte, ist nicht nur für Wladimir Putin ein Albtraum, sondern für die große Mehrheit aller Russen. Nicht nur Putin, auch keine andere russische Führung wäre bereit, eine solche Zumutung hinzunehmen. Gerade am Beispiel der Krim zeigt sich, dass es vielen Politikern im Westen völlig an der Fähigkeit und an dem Verständnis fehlt, sich in das Denken und in die Motive der anderen Seite hineinzufühlen.

Das Beharren darauf, dass die Eingliederung der Krim einfach völkerrechtswidrig sei und deshalb rückgängig gemacht werden müsse, verrät erneut jene Einseitigkeit, die im Umgang mit Russland leider die Regel ist. So beruft man sich auf westlicher Seite – und selbstverständlich auch in Kiew – hartnäckig darauf, dass Nikita Chruschtschow, damals Generalsekretär der KPdSU und der starke Mann in Moskau, die bis dahin zu Russland gehörende Krim der Ukraine übereignet habe. Wo sind eigentlich im Westen die feinsinnigen juristischen Debatten darüber, ob es sich beim Verschenken und Verschieben der

Krim von Russland zur Ukraine um einen mit dem Völkerrecht übereinstimmenden Akt gehandelt hat? Chruschtschow hat seinerzeit, im Jahre 1954, niemand gefragt, ob er das tun dürfe, was er getan hat. Er hat selbstverständlich auch nicht die Menschen auf der Krim, in ihrer klaren Mehrheit Russen, gefragt, ob sie mit dieser abrupten staatlichen Übertragung ihrer Heimat von Russland auf die Ukraine einverstanden seien. Unter Putin, dem im westlichen Chor lautstark als Völkerrechtsbrecher Geschmähten, wurden die Menschen auf der Krim gefragt – und sie waren für die Rückkehr nach Russland.

Die Zukunft der Krim ist der große Streitpunkt zwischen Kiew und dem Westen auf der einen und Russland auf der anderen Seite. Letztlich sind daraus auch die Kämpfe in der Ostukraine entstanden, wo sich die starke russische Minderheit von den auf dem Maidan aufgebrochenen prowestlichen und antirussischen Stimmungen mit einer neuen ukrainischen Politik und Regierung im Gefolge bedroht sah. Separatisten griffen, von Russen unterstützt, zu den Waffen. Kiew wiederum machte seine Truppen mobil, an ihrer Seite unkontrollierte und unkontrollierbare Privatarmeen, von Oligarchen geführt und finanziert. Diese besondere militärische Gemengelage macht es so schwer, Waffenstillstandsvereinbarungen einzuhalten und zu überwachen.

Das Problem Krim aber bleibt. Moskau wird die Halbinsel nicht mehr preisgeben, der Westen wird in der Unterstützung der Kiewer Position genau darauf beharren.

Das ist die formale Seite. In der Realität ist für viele Politiker im Westen das Thema Krim längst nicht mehr so brisant wie zu Anfang der Krise. Dass Russland die für sein geschichtliches wie sicherheitspolitisches Verständnis unaufgebbare Krim zurückgeben könnte, scheint und ist ausgeschlossen. Also könnte die Halbinsel nur auf militärischem Weg unter ukrainische Oberhoheit zurückgebracht werden. Wer will einen solchen Krieg beginnen, der sich zu einem Krieg von unüberschaubaren Ausmaßen ausweiten könnte? Wer will dafür die Verantwortung übernehmen und einen Abgrund auftun, in den alles stürzen würde, was seit dem Ende des Zweiten Weltkriegs an erfolgreicher Friedenspolitik geleistet wurde?

In der Politik ist das Prinzip des „do ut des", des „ich gebe, damit du gibst", nicht das schlechteste. Man sollte es für die Behandlung und vielleicht auch die Lösung des Streits um die Krim beachten. Dabei sollte auch ins Auge gefasst werden, dass die Krim im letzten Vierteljahrhundert, in der Zeit der ukrainischen Unabhängigkeit und auch schon zuvor zu Zeiten der Sowjetunion nicht die wirtschaftliche Hilfe erfahren hat, die sie gebraucht hätte. Die Summen, die jetzt für dringend notwendige Investitionen, für zeitgemäßem Ausbau und Modernisierung genannt werden, gehen über die Grenzen der russischen, erst recht über die ukrainischen Möglichkeiten hinaus.

Zu überlegen und prüfen wäre, wie bei Beibehaltung des gegebenen Zustands – die Krim zu Russland gehörend – Möglichkeiten eines großzügigen Ausgleichs für die Ukraine gefunden werden könnten. Schon in der Vergangenheit, als es nur um die Stützpunkte und Hafenstädte der russischen Schwarzmeerflotte, nicht um die ganze Halbinsel ging, schlossen Moskau und Kiew immer wieder Verträge, die beiden Seiten gerecht geworden sind. Nach einer gewissen Abkühlung des gegenwärtigen, extrem überhitzten politischen Klimas könnte durchaus über neue Lösungen nachgedacht werden. Eine Möglichkeit: Moskau kauft Kiew nachträglich die Krim ab. Nicht zum ersten Mal in der Geschichte der Menschheit haben auf diesem friedlichen Weg Länder zum Wohle der Einwohner ihre Besitzer gewechselt. Alaska war eine nie profitable russische Kolonie. Der damalige amerikanische Außenminister William H. Seward erwarb im Jahre 1867 diese Region vom Zarenreich Russland für 7,2 Millionen Dollar, was heute in etwa einen Wert von 90 Millionen Dollar entspricht.

Eine weitere Möglichkeit, den Streit um die Krim im russisch-ukrainischen Einvernehmen beizulegen, könnte im Wege einer Erbpacht bestehen. Wenn Russland beispielsweise auf 99 Jahre die Halbinsel pachtet, könnte dies der Ukraine, die sich seit Beginn ihrer Unabhängigkeit vergeblich bemüht, zu einem

Staatswesen mit stabilen Finanzen und anhaltendem wirtschaftlichen Aufschwung zu werden, ein angemessenes und kontinuierliches Einkommen sichern. Zudem: Warum sollte es nicht möglich sein, dass Russland seinerseits in gesicherten Verträgen dem Nachbarn Ukraine einen großzügigen Stützpunkt auf der Krim für dessen Flotte überlässt?

Ehe freilich solche Gedanken aufgegriffen werden können, ehe es zu Gesprächen oder gar Verhandlungen darüber kommen könnte, muss auf allen Seiten Gesprächsfähigkeit hergestellt werden. Zur Verbesserung eines tragfähigen Großklimas zwischen Ost und West und zwischen Russland und der Ukraine bedarf es der Beendigung einer sowieso sinnlosen Sanktionspolitik. Bestrafen und gleichzeitig reden, bestraft werden und reden – konstruktive Gespräche sind so nicht möglich. Das Ende der Sanktionen sollte für den Westen und dann natürlich auch Russland deshalb möglich sein, weil durch solche Strafmaßnahmen auf allen Seiten nur Schaden angerichtet wird. Das gilt, selbst wenn es manchen amerikanischen Politikern schwer fällt, zu solcher Einsicht zu kommen, auch für die USA, ihre Wirtschaft und ihre weltpolitische Position. Die „Weltordnung", von der Henry Kissinger schreibt, bedarf eines großen Wurfes. Der kann nur mit Russland, nicht aber gegen Russland gelingen.

Wenn die Waffen in der Ostukraine endgültig schweigen, was dann? Das im Westen zu Recht als praktikables und aussichtsreiches Rezept zur Schaffung eines stabilen und in seinen Grenzen gesicherten ukrainischen Staates liegt auf der Hand: Föderalismus könnte die Lösung heißen. In der Tat, die Vielfalt und Unterschiedlichkeit des Landes und seiner Bevölkerung weist in Richtung einer föderalistischen Staatsordnung. Alle Minderheiten müssen ihren gesicherten und anerkannten Platz haben, müssen gegen die Übergriffe der Mehrheit geschützt sein. Bevor es aber zum Bau eines solchen föderalistischen ukrainischen Staats kommen kann, müssen die Folgen eines blutigen Bürgerkriegs bewältigt und Tausende von Opfern des Kriegs im Donbass betrauert werden, muss die gegenseitige Schuldzuweisung ein Ende haben, ist der schwere und langwierige Weg zu menschlicher und politischer Versöhnung zu gehen. Selbst wenn das möglich sein sollte, werden am Ende aus heutiger Sicht noch viele Fragezeichen stehen. Richard Sakwa, Professor für russische und europäische Politik an der englischen Universität Kent, plädiert ebenfalls für Föderalismus, meint jedoch: „Dies zu erreichen ist zwar kurzfristig nicht wahrscheinlich, aber auf lange Sicht ist es der einzige Weg für die Ukraine. Der Donbass wird niemals wieder Teil eines nationalistischen und zentralistischen ukrainischen Staates sein können." Dies ist auch deshalb so, weil der Begriff Föderalismus in der Vergangenheit in der Ukraine nie einen besonders guten Ruf hatte. So erinnert Ralf Wachsmuth, ehemaliger Leiter des Büros der Konrad-Adenauer-Stiftung in Kiew, an ein Wort von Viktor Juschtschenko, von 1999 bis 2001 Ministerpräsident und von 2005 bis 2006 Staatspräsident der Ukraine. Jedem, der die Begriffe Föderalismus oder Dezentralismus nur in den Mund nehme, hatte er Gefängnis angedroht. Auch Regierungschef Arsenij Jazenjuk konnte noch vor kurzem mit dem Konzept des Föderalismus wenig anfangen. Noch im März 2014 war Föderalismus für ihn „der erste Schritt, um die ukrainische Souveränität zu zerstören".

Trotz solcher früherer Positionen haben die Erfahrungen aus dem Bürgerkrieg, der die Gefahr der Spaltung des Landes und gar der Abspaltung in sich getragen hat, in Kiew vielleicht mehr Verständnis für eine föderalistische Staatsordnung wachsen lassen. Nach wie vor ist das von Merkel und Hollande erreichte Abkommen von Minsk – „Minsk II" – ein mögliches Fundament für eine langfristige Lösung. Richard Sakwa sieht die Politik auf einem schmalen Grat zwischen einer Art Stillhalteabkommen und einem umfassenden Krieg. Stabilisiert werden könnte die Situation durch die „mutige Initiative" von Merkel und Hollande. Aber: „Wir müssen verstehen, dass dies bloß der Anfang eines möglichen Friedensprozesses sein kann. Die Regierung in Kiew muss unter Druck gesetzt werden, damit sie das Land so gestaltet, dass es für die Bürger des Donbass eine akzeptable Form der Rückkehr in die Ukraine gibt."

Einen bemerkenswerten konzeptionellen Akzent zur Zukunft der Ukraine setzt Professor Peter-Alexis Albrecht, emeritierter Jurist an der Goethe-Universität in Frankfurt am Main, in einem Beitrag für *Deutschlandradio Kultur*. Schon 2013 gab er gemeinsam mit Professoren aus drei ukrainischen Universitäten den dreisprachigen Band „Der eigene Weg der Ukraine" heraus. Aus dem Status des wiedervereinigten Deutschland, wie er 1990 von den drei Westmächten und Russland vertraglich festgelegt worden sei und der sich als Friedenskonzept erwiesen habe, ließen sich, so Albrecht, umsetzbare Erfahrungen für die Zukunft der Ukraine ableiten: „Der Ukraine würde Einheit und Unabhängigkeit zugesichert, während sie im Gegenzug die Pflicht hätte, sich qua Verfassung bundesstaatlich zu organisieren und einen demokratischen, föderalen Rechtsrahmen für das Zusammenleben ihrer Landesteile zu schaffen. Das Erzübel Korruption zum Beispiel ließe sich durch strikte Rechtsstaatlichkeit in den Griff bekommen." Allerdings setze dies, so Albrecht, eine unabhängige Justiz voraus, die es erst zu schaffen gelte. Ein weiterer wichtiger Hinweis des Professors aus Frankfurt: Weder Russland noch die Europäische Union wollten sich die enormen wirtschaftlichen und infrastrukturellen Lasten einer postsozialistischen, verarmten und von Oligarchen geprägten Ungerechtigkeitsordnung aufladen. Eine Föderalisierung dagegen würde die Bruchlinien des Zerfalls in eine westliche und östliche Ukraine eher lindern und konstruktiv schließen als verstärken und verfestigen. Und eine Föderalisierung könnte, so Albrecht, allseits die Angst nehmen: „Sie würde Russlands Bedenken zerstreuen, NATO oder EU lauerten auf Übernahmen im Osten, und sie würde die Ukraine durch bundesstaatliche Herrschaftsteilung davor bewahren, weiter zu zerfallen oder durch Dritte geschluckt zu werden." In Übereinstimmung mit anderen Experten, die vom Westen aus auf die Zukunft der Ukraine blicken, ist sich Professor Albrecht der Qualität des deutschen Beispiels sicher: „Gerade der deutsche Föderalismus ist ein Prototyp, vor dem sich niemand fürchten muss. Die Bundesrepublik Deutschland ist zwar wirtschaftlich stark geworden, aber militärisch da, wo sie hingehört: Kriege können sich die Deutschen – und auch andere Völker – nicht mehr leisten. Diese Einsicht muss die Politik des Westens leiten. Sonst ist es das Aus für alle."

Der erste Versuch, ein Zeichen dafür zu setzen, dass Kiew mit den Menschen in der Ostukraine anders umgehen will als in der Vergangenheit, scheiterte am 18. März 2015 in der Werchowna Rada, dem Obersten Parlament der Ukraine. Wenn damit beabsichtigt war, die in der Ostukraine lebenden Menschen wieder für einen ukrainischen Gesamtstaat zu gewinnen, so ging dieses Vorhaben gründlich daneben. Kiew hatte der Region um Donezk und Luhansk einen Sonderstatus eingeräumt. Doch der stieß in der Ostukraine schon deshalb auf erbitterten Widerstand, weil die betroffenen Gebiete in dem Gesetz als „besetzt" bezeichnet worden waren. Zudem soll der Sonderstatus erst dann in Kraft treten, wenn zuvor im Donbass Kommunalwahlen nach ukrainischem Recht stattgefunden haben. Die ukrainischen Separatisten sehen wie Moskau mit diesem gesetzlichen Vorstoß aus Kiew das Minsker Abkommen verletzt. Darin war festgelegt worden, dass der auf drei Jahre befristete Sonderstatus der Ostukraine noch vor Wahlen beschlossen werden müsse. Beklagt wurde im Osten des Landes auch, dass nach alter ukrainischer Art von der Zentrale über Teile des Landes und die dort lebenden Menschen entschieden worden sei, ohne dass sie Gelegenheit zur Mitsprache gehabt hätten. Auch finde sich im Kiewer Gesetz keine regionale Regelung, welche die Gebietsgewinne der Separatisten berücksichtigte.

Klage und Gegenklage – der schwierige und noch weit von einer Lösung entfernte politische Alltag der Ukraine wird auch an diesem Beispiel demonstriert. Russlands Außenminister Sergej Lawrow hat das in Kiew verabschiedete Gesetz über den Sonderstatus für das Krisengebiet Ostukraine als „Gefahr für den Frieden" kritisiert. Der Parlamentsbeschluss sei eine „empörende Verletzung" des Minsker Abkommens. Aus den Beschlüssen der Werchowna Rada gehe hervor, dass die genannten Territorien nur von denjenigen verwaltet werden dürfen, die Kiew genehm sind, und das Sonderstatus-Gesetz nur in diesem Fall in Kraft treten kann, klagte der russische Außenminister. Er forderte Deutschland und Frankreich auf, Druck auf die prowestliche ukrainische Führung auszuüben. Die Anführer der „Volksrepubliken" Donezk und Luhansk, Alexander Sachartschenko und Igor Plotnizki, verurteilen die Kiewer Gesetze scharf: „Kiew zertritt den brüchigen Minsker Frieden." Ministerpräsident Arsenij Jazenjuk seinerseits verteidigte das Sonderstatus-Gesetz als „Schritt zur Wiederherstellung der Souveränität der Ukraine" und warf den Separatisten und Russland vor, das Minsker Abkommen nicht einzuhalten.

Besonders alarmiert zeigen sich Moskau und die Ostukraine darüber, dass das Parlament in Kiew einem achtmonatigen Aufenthalt von US-Soldaten im westukrainischen Jaworiw zugestimmt hat. Die USA hatten die Entsendung von Ausbildern für die ukrainische Armee schon länger in Aussicht gestellt. Den mit großer Mehrheit vom Parlament in Kiew verabschiedeten Appell an die Vereinten Nationen und an die Europäische Union, Friedenstruppen in den Donbass zu entsenden, lehnte Moskau als verfrüht ab. Die Konfliktparteien könnten nur gemeinsam über eine internationale Friedensmission entscheiden. Auch die Separatisten lehnen einen solchen Einsatz ab und verlangen, dass die Führung in Kiew mit ihnen über die weitere Entwicklung im Donbass verhandelt.

Die politische Streittemperatur in der und um die Ukraine ist noch viel zu hoch, als dass konkrete und zielführende Verhandlungen über eine dauerhafte Lösung mit guter Aussicht auf Erfolg begonnen werden könnten. „Minsk II", das geschaffen zu haben schon jetzt ein großes Verdienst von Angela Merkel und François Hollande ist, bleibt nach wie vor ein wichtiges Zeichen der Hoffnung. Es wird Jahre dauern, bis der Ukraine-Konflikt in der gebotenen doppelten Weise gelöst sein wird: im Innern mit dem Aufbau einer tragfähigen staatlichen Ordnung auf föderalistischer Grundlage, nach außen mit einer Ordnung, welche die Souveränität des Landes und den Frieden mit den Nachbarn, vor allem mit dem russischen Nachbarn, dauerhaft sichert. Darüber hinaus geht es – Stichwort Weltordnung – um einen neuen Geist und einen neuen tragenden Rahmen zwischen Ost und West. Der Streit um Militärbündnisse hätte bei der historischen Wende vor einem Vierteljahrhundert beendet werden können. Das wurde versäumt. Jetzt muss, wenn auch mit überflüssiger Verspätung, endlich eine neue Friedensordnung in einer neuen Welt geschaffen werden. Der Abgrund einer Kriegsgefahr darf sich, wie jetzt im Streit um die Ukraine, nie wieder auftun. Europa und Amerika auf der einen und Russland auf der anderen Seite müssen ein Fundament für einen dauerhaften Interessenausgleich und ein vertrauensvolles Miteinander finden. Ein großes und wichtiges Land wie die Ukraine hätte dann seinen selbstverständlichen Platz.

Personenregister

Literaturverzeichnis

Albrecht, Peter-Alexis (mit anderen):
Der eigene Weg der Ukraine, Berlin 2013

Andruchowytsch, Juri:
Euromaidan. Was in der Ukraine auf dem Spiel steht,
Frankfurt am Main 2014

Baberowski, Jörg:
Verbrannte Erde. Stalins Herrschaft der Gewalt, München
2012

Bondarew, Genadij:
Die Ereignisse in der Ukraine und ein mögliches Szenario der
Zukunft, Norderstedt 2014

Clark, Christopher:
Die Schlafwandler. Wie Europa in den Ersten Weltkrieg zog,
München 2013

Dathe, Claudia und Andreas Rostek:
Majdan! Ukraine, Europa, Berlin 2014

Figes, Orlando:
Krimkrieg. Der letzte Kreuzzug, Berlin 2011

Grey, Ian:
Katharina die Große, Tübingen 1961

Gauweiler, Peter und Christian Ude:
Briefwechsel fünf, München – Berlin 2014

Jessen, Hans:
Katharina II. von Russland im Spiegel der Zeitgenossen,
Düsseldorf 1970

Kappeler, Andreas:
Kleine Geschichte der Ukraine, München 2014

Karner, Stefan u. a.:
Der Kreml und die Wende 1989, Innsbruck 2014

Keynes, John Maynard:
Krieg und Frieden. Die wirtschaftlichen Folgen des Vertrags
von Versailles, Berlin 2014

Kissinger, Henry:
Weltordnung, München 2014

Lauterbach, Reinhard:
Bürgerkrieg in der Ukraine. Geschichte, Hintergründe,
Beteiligte, Berlin 2014

Lincoln, W. Bruce:
Nikolaus I. von Russland (1796–1855), München 1981

Kohl, Helmut:
Aus Sorge um Europa. Ein Appell, München 2014

Krone-Schmalz, Gabriele:
Russland verstehen. Der Kampf um die Ukraine und die
Arroganz des Westens, München 2015

McNamara, Robert S.:
Vietnam. Das Trauma einer Weltmacht, München 1996

Sakwa, Richard:
Frontline Ukraine. Crisis in the Borderlands, London 2015

Sarotte, Mary Elise:
1989. The Struggle to Create Post-Cold War Europe, Princeton 2009

Sasse, Gwendolyn:
The Crimea Question. Identity, Transition, and Conflict, Cambridge 2007

Scharnagl, Wilfried:
Strauß in Moskau ... und im südlichen Afrika, Percha 1988

Scharnagl, Wilfried:
Versagen in Brüssel. Plädoyer für ein besseres Europa, München – Berlin 2014

Scholl-Latour, Peter:
Der Fluch der bösen Tat. Das Scheitern des Westens im Orient, Berlin 2014

Schuller, Konrad:
Ukraine. Chronik einer Revolution, Berlin 2014

Steininger, Rolf:
Der Vietnamkrieg, Frankfurt am Main 2011

Strauß, Franz Josef:
Die Erinnerungen, Berlin 1989

Strutynski, Peter (Hg.):
Ein Spiel mit dem Feuer. Die Ukraine, Russland und der Westen, Köln 2014

Waigel, Theo und Manfred Schell:
Tage, die Deutschland und die Welt veränderten. Vom Mauerfall zum Kaukasus. Die deutsche Währungsunion, München 1994